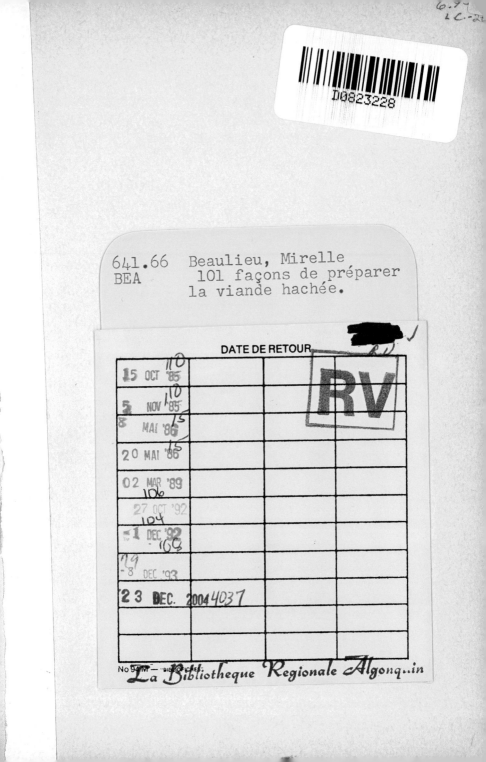

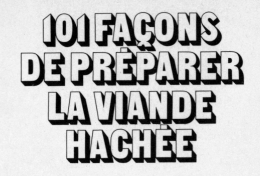

101 FAÇONS DE PRÉPARER LA VIANDE HACHÉE

Du même auteur

Cuisine pour toi et moi (La Presse)
Les meilleures recettes du Québec (La Presse)
Les meilleures façons d'apprêter les restes
   (La Presse)
Je cuisine pour moi (Stanké)
Cuisine pour nous deux (Stanké)
Cuisine d'été (Stanké)
Cuisine pour toi, moi et les autres...
   (Stanké)

Traductions en anglais:

Two's company (HRW)
The Cooking of Provincial Quebec (Gage)
Cooking for Myself (Gage)
Cooking for Two (Gage)
Cooking for You and I and Others (Gage)

MIRELLE BEAULIEU

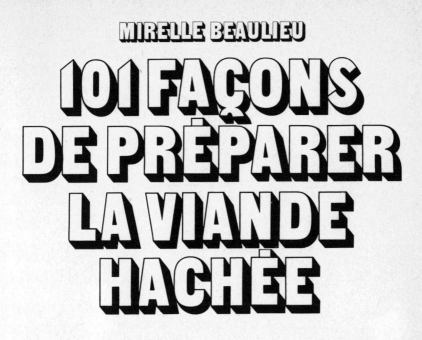

101 FAÇONS DE PRÉPARER LA VIANDE HACHÉE

Illustrations de Pierre Durand

Libre Expression

©Éditions Libre Expression, 1978

Dépôt légal:
Bibliothèque nationale du Québec
2e trimestre 1978

ISBN 0-88615-007-8

Table des matières

Galettes de viande

Boulettes de viande

Plats du jour

Sauces

Avant-propos

La viande hachée est très populaire et pour plus d'une raison. Tout d'abord, c'est une viande sans perte, donc économique. C'est aussi une viande versatile, car il existe une multitude de manières de l'apprêter et de la servir. Et puis, tout le monde l'aime, particulièrement les enfants.

Les comptoirs de viande des supermarchés et boucheries vous offrent une variété de viande hachée, dont les prix diffèrent selon la catégorie de viande. Il y a environ un an, le bœuf haché se vendait sous près de trente noms différents: bœuf haché « maigre », « spécial », « maison », « de luxe », « supérieur », etc. Il était devenu impossible pour les consommateurs de se retrouver dans toutes ces appellations. Le gouvernement fédéral a donc émis une nouvelle réglementation afin de limiter ces appellations et de contrôler la quantité de gras permise dans la viande hachée.

1. Bœuf haché régulier —
   contient 30% ou moins de gras
2. Bœuf haché maigre —
   contient 23% ou moins de gras
3. Bifteck haché —
   contient 17% ou moins de gras

Les recettes de ce livre ne spécifient pas de catégorie particulière; à vous de choisir celle qui convient le mieux à vos goûts ou à votre budget.

Malgré cette réglementation fédérale, il est encore assez difficile pour les consommateurs de déterminer à l'œil le pourcentage de gras dans la viande hachée. La couleur même n'est pas un indice probant, puisque les bouchers affirment qu'en passant la viande au hachoir à deux ou trois reprises le gras devient beaucoup moins apparent.

La seule méthode sûre pour obtenir une viande hachée contenant une proportion décente de gras, c'est d'acheter un morceau de bœuf dans le haut-côté ou la palette, dont le prix est raisonnable, ou encore dans la ronde, dont le prix est plus élevé, et de demander au boucher de le hacher. Mais le problème, c'est que maintenant de moins en moins de bouchers veulent faire cette opération.

La nouvelle réglementation fédérale prévoit également que tout bœuf haché ayant été congelé puis décongelé pour la vente doit porter une mention à cet effet. Il en est de même pour tout bœuf haché ayant été fabriqué, en tout ou en partie, avec de la viande congelée. C'est pour cette raison que l'on peut voir maintenant, au comptoir des viandes, des affiches informant les consommateurs que certain bœuf haché ne doit pas être congelé.

La viande hachée ne doit pas être conservée plus de deux jours au réfrigérateur. Elle doit être retirée de son emballage original, puis soigneusement enveloppée dans un papier ciré ou d'aluminium, ou déposée dans un contenant hermétique. Conservez-la dans la partie la plus froide de votre réfrigérateur.

Pour une conservation prolongée, il est préférable de congeler la viande hachée. Vous pouvez la congeler en paquets de une, deux ou trois livres selon vos besoins. Vous pouvez aussi former des pâtés; les séparer par un papier ciré ou d'aluminium, puis les envelopper ensuite en paquets de deux, quatre, six, huit pâtés, selon vos besoins, dans un papier d'aluminium ou, ce qui est encore mieux, dans un papier à congélation, ou encore, les déposer dans des contenants à congélation. Les galettes de viande hachée se congèlent très bien. Pour les envelopper, procéder de la même manière que pour les pâtés. La durée de congélation de la viande hachée ne doit pas dépasser quatre à six mois.

Il peut arriver, lorsque vous ouvrez un paquet de viande hachée, de constater que la viande à l'intérieur est plus foncée que celle du dessus. Ceci n'est pas un signe de non-fraîcheur, mais indique plutôt que la viande a manqué d'oxygène. Ne vous alarmez pas, cette viande est quand même très bonne et vous pouvez l'utiliser sans crainte. Vous pouvez aussi placer cette viande, développée, au réfrigérateur, durant une courte période, afin de lui faire reprendre quelque peu sa couleur.

Dans ce livre, je désire vous offrir des recettes nouvelles, faciles, économiques, rapides qui vous permettront de présenter à votre famille des plats variés et parfois amusants, sans vous contraindre à cuisiner de longues heures ou, ce qui aujourd'hui est très important, sans dépasser les limites de votre budget alimentaire. Quelques-unes de ces recettes sont même assez élégantes pour être servies à vos invités.

Quelques conseils éclair vous sont donnés dans le but de vous faciliter la tâche et de vous rendre encore plus agréable la préparation des repas.

BON APPÉTIT!

Le pain
de viande

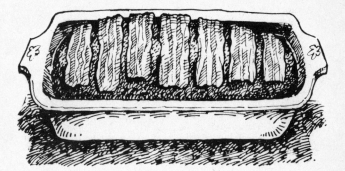

Le pain de viande doit sa popularité à sa préparation simple et rapide. Les garnitures et les assaisonnements variés qui le composent, ainsi que les formes multiples que l'on peut lui donner, en font un plat toujours nouveau et apprécié de tous. Il se sert chaud, ou encore, froid en sandwiches. De plus, si le repas est quelque peu retardé, une légère attente n'affectera en rien sa saveur et son apparence.

Voici quelques conseils éclair qui vous aideront à préparer et à présenter vos pains de viande.

1. Quelques tranches de bacon disposées sur un pain de viande lui conserveront son humidité durant la cuisson et lui donneront une saveur particulière.

2. Pour bien réussir un pain de viande roulé: Tout d'abord, former avec le mélange de viande un rectangle sur un papier ciré. Étendre ensuite la garniture sur la viande, en laissant tout autour une marge d'un demi-pouce. Ensuite rouler, comme un gâteau, vous aidant du papier ciré. Si la viande adhère au papier, la décoller avec une spatule. Bien sceller les points de jonction et les extrémités.

3. **Différentes formes de pains de viande:**
   a) *Couronne:*

   presser le mélange de viande dans un moule-couronne, puis démouler sur une lèchefrite peu profonde. Au moment de servir, remplir le centre de la couronne avec des légumes, du riz ou une purée de pommes de terre.

   b) *Boule:*

   presser le mélange de viande dans un bol à mélanger, puis démouler sur une lèchefrite peu profonde. Pour servir, diviser le pain de viande en quatre, puis trancher chaque partie.

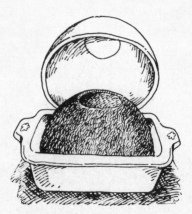

c) *Pain:*

presser le mélange de viande dans un moule à pain, puis démouler sur une lèchefrite peu profonde.

d) *Tarte:*

presser le mélange de viande dans une grande assiette à tarte; faire des incisions pour marquer chaque portion et remplir ces incisions de ketchup-tomates ou de sauce de votre choix.

e) *Pain géant:*

placer le mélange de viande dans une grande lèchefrite et, avec les mains, façonner en un long pain. Garnir avec des tranches de bacon.

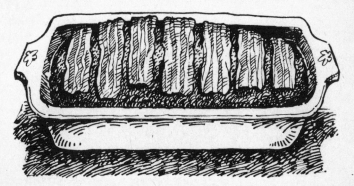

f) *Pain arrondi:*

placer le mélange de viande dans une lèchefrite et, avec les mains, façonner un pain arrondi. Avec un couteau ou une spatule, faire des incisions entrecroisées.

g) *Pains individuels:*

1. Presser le mélange de viande dans des moules à muffins, puis les badigeonner généreusement avec une sauce de votre choix.

2. Presser le mélange de viande dans des petits plats pyrex, puis démouler sur une lèchefrite peu profonde.

3. Diviser le mélange de viande en portions égales, puis, avec les mains, façonner chaque portion en petits pains et les déposer dans une lèchefrite peu profonde. Les badigeonner avec du ketchup-tomates ou une sauce de votre choix.

4. Avant de démouler un pain de viande, retirer le jus de cuisson accumulé dans le moule en utilisant un injecteur.

Ce jus de cuisson peut être utilisé dans la sauce d'accompagnement du pain de viande, ou encore, servira de base pour une soupe.

5. Pour faciliter le démoulage d'un pain de viande, tapisser le fond et les extrémités du moule avec une feuille de papier d'aluminium.

Anneau de bœuf haché

8 personnes
Chauffer le four à 375°F

2$\frac{1}{2}$ livres de viande hachée mélangée: bœuf, porc et veau
$\frac{1}{2}$ tasse d'oignon haché
1 tasse de carottes râpées
2 tasses de mie de pain fraîche
2 œufs
$\frac{2}{3}$ tasse de lait évaporé
Sel — Poivre
1 c. à soupe de sauce Chili
3 c. à soupe de sirop de maïs
2 c. à thé de sauce Worcestershire

1. Mélanger la viande hachée, l'oignon, les carottes, la mie de pain, les œufs, le lait évaporé, le sel, le poivre. Presser ce mélange dans un moule-couronne de cinq tasses, puis démouler sur une lèchefrite.
2. Cuire au four environ 1 h à 1 h 15.
3. Mélanger la sauce Chili, le sirop de maïs, la sauce Worcestershire et étendre sur l'anneau de viande; poursuivre la cuisson 15 minutes.
4. Pour servir, déposer l'anneau de viande sur un grand plat chaud et remplir le centre avec une purée de pommes de terre chaude.

Carré de viande aux pommes

8 personnes
Chauffer le four à 375°F

2 livres de viande hachée mélangée: bœuf, porc et veau
1 tasse de mie de pain fraîche
1 œuf
$^1/_4$ tasse de cidre de pomme
Sel — Poivre
1 c. à thé de fines herbes mélangées
1 paquet (8 onces) de fromage Muenster coupé en languettes
2 c. à soupe de gelée de pommes

1. Mélanger la viande hachée, la mie de pain, l'œuf, le cidre de pomme, le sel, le poivre et les fines herbes et façonner la moitié de ce mélange en un carré de 9 pouces sur une lèchefrite peu profonde.

2. Garnir avec les languettes de fromage, puis recouvrir avec le reste de viande.

3. Cuire au four 45 minutes. Étendre alors la gelée de pommes sur le dessus du carré de viande et poursuivre la cuisson de 15 à 20 minutes.

4. Couper en carrés et servir.

Couronne de bœuf haché

6 personnes
Chauffer le four à 350°F

1 ¹/₂ livre de bœuf haché
1 tasse de carottes râpées
1 tasse de pommes de terre râpées
1 petit oignon râpé
1 boîte (10 onces) de champignons
égouttés, hachés
Liquide des champignons
¹/₂ tasse de chapelure fine
Sel — Poivre
1 tasse de crème sure commerciale

1. Mélanger le bœuf haché, les carottes, les pommes de terre, l'oignon, les champignons, leur liquide, la chapelure, le sel, le poivre, la crème sure et façonner en un cercle d'environ un pouce d'épais, sur une lèchefrite peu profonde. En partant du centre du cercle, pratiquer six longues incisions afin de marquer chaque portion.

2. Cuire au four environ une heure. Pour servir, couper dans les incisions.

Pain de viande à l'italienne

1 $^1/_2$ tasse de mie de pain italien, fraîche

$^2/_3$ tasse de lait évaporé

2 livres de bœuf haché

$^1/_2$ tasse de champignons hachés

1 $^1/_2$ tasse de sauce-tomate

1 c. à soupe de persil frais haché

Sel — Poivre

$^1/_2$ c. à thé d'origan

$^1/_2$ livre de saucisse italienne

1. Mélanger la mie de pain et le lait évaporé et laisser reposer 5 minutes. Ajouter alors le bœuf haché, les champignons, $^1/_2$ tasse de sauce-tomate, le persil, le sel, le poivre, l'origan et bien mélanger.

2. Presser la moitié de ce mélange dans un moule à pain de 9 × 5 × 3 pouces.

3. Retirer la chair des saucisses de leur enveloppe et étendre sur le mélange de viande précédent, en pressant légèrement. Couvrir le mélange de viande qui reste, puis démouler sur une lèchefrite peu profonde. Napper avec le reste de la sauce-tomate.

4. Cuire au four de 1 h à 1 h 15.

Pain de viande au carvi

$^3/_4$ tasse de lait

2 c. à soupe de jus de citron

1$^1/_2$ tasse de mie de pain de seigle avec graines de carvi

1$^1/_2$ livre de bœuf haché

$^1/_2$ livre de porc maigre haché

$^1/_2$ tasse d'oignon haché finement

1 œuf

$^1/_4$ tasse de persil frais haché

Sel — Poivre

1. Verser le lait et le jus de citron sur la mie de pain et laisser reposer jusqu'à ce que le liquide soit complètement absorbé.

2. Ajouter alors la viande hachée, l'oignon, l'œuf, le persil, le sel, le poivre et presser le mélange dans un moule carré de 8 pouces.

3. Cuire au four environ 1 h à 1 h 15.

Pain de viande au fenouil

1¹/₂ livre de viande hachée mélangée: bœuf et porc
¹/₂ tasse d'oignon haché
¹/₂ tasse de mie de pain fraîche
¹/₂ tasse de vinaigre de cornichons au fenouil
1 œuf
Sel — Poivre
¹/₂ tasse de cornichons au fenouil hachés
¹/₂ tasse de ketchup-tomates
¹/₄ tasse d'eau
2 c. à soupe de sucre granulé
1 c. à thé de sauce Worcestershire

1. Mélanger la viande hachée, l'oignon, la mie de pain, le vinaigre, l'œuf, le sel, le poivre et façonner en forme de pain dans une lèchefrite peu profonde.

2. Mélanger les cornichons hachés, le ketchup-tomates, l'eau, le sucre, la sauce Worcestershire et verser sur le pain de viande.

3. Cuire au four 30 minutes, en arrosant deux fois avec la sauce accumulée dans la lèchefrite. Poursuivre ensuite la cuisson, sans arrosage, durant 30 à 35 minutes.

4. Pour servir, déposer le pain de viande sur un plat chaud; entourer avec des choux de Bruxelles et des petites carottes entières.

Pain de viande au fromage

6 personnes
Chauffer le four à 350°F

1 gros piment rouge doux

1 tasse d'oignon haché

2 c. à soupe d'huile

$1^1/_2$ livre de bœuf haché

2 tasses de biscuits soda écrasés

Sel — Poivre

$^1/_2$ c. à thé de sel de céleri

$^1/_2$ c. à thé de paprika

2 œufs

1 tasse de lait

$^1/_2$ livre de fromage cheddar coupé en cubes de $^1/_2$ pouce

1 c. à soupe de beurre ou de margarine

1. Couper le piment rouge en deux dans le sens de la largeur. Retirer les grains et les filaments blancs intérieurs. Dans la partie la plus grande des deux morceaux de piment, couper huit rondelles minces et les mettre de côté. Hacher le reste du piment.

2. Faire revenir le piment haché et l'oignon dans l'huile chaude.

3. Mélanger le bœuf haché, les biscuits soda, le sel, le poivre, le sel de céleri, le paprika, les œufs, le lait, puis ajouter le mélange piment-oignon, et les cubes de fromage.

4. Presser ce mélange dans un moule ovale ou rond de six tasses, puis démouler sur une lèchefrite peu profonde; entailler le dessus en forme de croix.

5. Cuire au four environ 1 h à 1 h 15.

Pain de viande au macaroni

8 personnes
Chauffer le four à 350°F

$^1/_2$ livre de macaroni coupé
3 c. à soupe de beurre ou de margarine
2 c. à soupe de farine
Sel — Poivre
2 œufs
2 tasses de lait
$^1/_4$ tasse de parmesan râpé
$^1/_4$ tasse d'oignon haché
$1^1/_2$ livre de bœuf haché
1 boîte (10 onces) de crème de tomates

SAUCE:
1 boîte ($7^1/_2$ onces) de sauce tomates
1 c. à thé de sucre granulé
$^1/_4$ c. à thé de basilic

1. Graisser un moule à pain de 9 × 5 pouces, en tapisser le fond et les côtés avec un papier d'aluminium, en laissant dépasser d'environ un pouce.
2. Cuire le macaroni à l'eau bouillante salée pendant 10 minutes, l'égoutter, le rincer et l'égoutter à nouveau. Le remettre dans la casserole et incorporer 2 c. à soupe de beurre, la farine, le sel, le poivre.
3. Battre 1 œuf avec le lait, puis verser sur le macaroni. Cuire en remuant constamment, à feu moyen, jusqu'à léger épaississement. Retirer du feu, incorporer le fromage parmesan et laisser en attente.
4. Faire sauter l'oignon dans 1 c. à soupe de beurre, 3 ou 4 minutes, en remuant. Ajouter le bœuf haché et faire revenir en défaisant la viande à l'aide d'une fourchette.

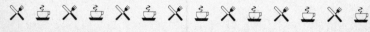

5. Battre 1 œuf; ajouter la moitié de la crème de tomates, le sel, le poivre et incorporer au mélange de viande.

6. Déposer la moitié du mélange de macaroni dans le moule préparé, ajouter le mélange de viande, puis recouvrir avec le reste de macaroni.

7. Cuire au four environ une heure.

8. Ajouter le reste de crème de tomates à la sauce tomates, ainsi que le sucre et le basilic et amener à ébullition; laisser mijoter 2 ou 3 minutes, en remuant.

9. Laisser refroidir le pain de viande 10 minutes; passer une lame de couteau tout autour, puis le renverser sur un plat chaud, retirer le papier d'aluminium. Décorer avec des rondelles de piments vert et rouge. Servir avec la sauce.

Pain de viande au riz et au fromage

8 personnes
Chauffer le four à 350°F

1 tasse d'oignon haché
1 tasse de céleri haché
3 c. à soupe de beurre ou de margarine
2 livres de viande hachée mélangée: bœuf, porc et veau
2 tasses de riz cuit
Sel — Poivre
1 c. à thé de sauce Worcestershire
2 œufs
$\frac{1}{4}$ tasse de lait
$\frac{1}{2}$ tasse de fromage canadien blanc râpé
2 c. à soupe de persil frais haché
2 c. à soupe d'amandes effilées grillées

1. Faire revenir l'oignon et le céleri dans le beurre chaud 4 ou 5 minutes, en remuant fréquemment.

2. Mélanger la moitié de cette préparation avec la viande hachée, le sel, le poivre, la sauce Worcestershire, 1 œuf, le lait et presser dans un moule carré de 8 pouces, puis démouler sur une lèchefrite peu profonde. Cuire au four environ 30 minutes.

3. Mélanger la seconde moitié de la préparation oignon-céleri avec le riz, le fromage, le persil, 1 œuf et répartir uniformément sur le pain de viande. Saupoudrer les amandes grillées et poursuivre la cuisson de 20 à 25 minutes.

Pain de viande aux canneberges

6 personnes
Chauffer le four à 375°F

1 livre de bœuf haché
$1/2$ livre de chair à saucisse de porc
$1/4$ tasse d'oignon haché
$1/2$ tasse de céleri haché finement
$1/2$ tasse de mie de pain fraîche
1 œuf
$1/4$ tasse de lait
Sel — Poivre
$1/4$ c. à thé d'épices à volaille
1 boîte (14 onces) de sauce aux canneberges entières

1. Mélanger le bœuf haché, la chair à saucisse, l'oignon, le céleri, la mie de pain, l'œuf, le lait, le sel, le poivre, les épices à volaille et façonner en forme de pain sur une lèchefrite.

2. Napper avec la sauce aux canneberges et cuire au four environ 1 heure.

Pain de viande aux fines herbes

8 personnes
Chauffer le four à 350°F

2 livres de viande hachée mélangée: bœuf et porc
1 œuf
1 boîte (10 onces) de crème de céleri
1 tasse de mie de pain fraîche
$1/2$ tasse d'oignon haché
$1/2$ c. à thé de paprika
$1/2$ c. à thé de basilic
$1/4$ c. à thé de sauge
Sel — Poivre
$1/4$ tasse de sauce Chili
$1/4$ tasse de fromage cheddar fondu râpé
1 c. à thé de moutarde préparée

1. Mélanger la viande hachée, l'œuf, la crème de céleri, la mie de pain, l'oignon, le paprika, le basilic, la sauge, le sel, le poivre et presser ce mélange dans un moule carré de 9 pouces.

2. Mélanger la sauce Chili, le fromage, la moutarde et étendre sur le dessus du pain de viande.

3. Cuire au four 40 minutes; retirer le gras accumulé dans le moule et poursuivre la cuisson de 25 à 30 minutes.

Pain de viande aux légumes

6 personnes
Chauffer le four à 350°F

1 $^{1}/_{2}$ livre de bœuf haché
1 tasse de riz cuit
$^{1}/_{4}$ tasse d'oignon haché
1 petite carotte râpée
1 œuf
5 c. à soupe de persil frais haché
Sel — Poivre
$^{1}/_{2}$ tasse de lait
2 c. à soupe de sauce à steak H.P.
2 gros oignons tranchés
2 c. à soupe de beurre ou de margarine

1. Mélanger le bœuf haché, le riz, l'oignon, la carotte, l'œuf, 4 c. à soupe de persil, le sel, le poivre, le lait et presser ce mélange dans un bol, puis démouler sur une lèchefrite.
2. Cuire au four environ 45 minutes. Badigeonner alors de sauce à steak et poursuivre la cuisson de 15 à 20 minutes.
3. Pendant que la cuisson du pain de viande s'achève, faire cuire les tranches d'oignon dans le beurre chaud, en les défaisant en anneaux; incorporer 1 c. à soupe de persil haché.
4. Pour servir, déposer le pain de viande sur une grande assiette chaude et disposer les anneaux d'oignon sur le dessus.

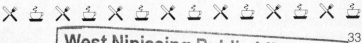

Pain de viande aux oignons

8 personnes
Chauffer le four à 350°F

2 livres de bœuf haché
1 œuf
¹/₂ tasse de mie de pain fraîche
¹/₄ tasse de lait
Sel
4 gros oignons coupés en tranches minces
4 c. à soupe de beurre ou de margarine
1 c. à soupe de sucre brun
¹/₄ c. à thé de poivre noir fraîchement moulu

1. Mélanger le bœuf haché, l'œuf, la mie de pain, le lait, le sel.
2. Faire sauter les oignons dans le beurre chaud, puis incorporer le sucre brun.
3. Presser la moitié du mélange de viande dans un moule à pain de 9 × 5 pouces; garnir avec les oignons, puis recouvrir avec le reste du mélange de viande.
4. Démouler sur une lèchefrite peu profonde, saupoudrer le poivre et cuire au four environ 1 heure.

Pains de viande créoles

1¹/₂ livre de bœuf haché
¹/₄ tasse de champignons en conserve, égouttés et hachés
¹/₄ tasse du liquide des champignons
1 boîte (10 onces) de crème de tomates et riz
¹/₃ tasse de chapelure fine
1 œuf
¹/₃ tasse de piment vert haché
Sel — Poivre
¹/₈ c. à thé de thym
2 c. à soupe d'huile
1 c. à soupe de beurre ou de margarine

1. Mélanger le bœuf haché, les champignons, la moitié de la crème de tomates et riz, la chapelure, l'œuf, le piment vert, le sel, le poivre, le thym et façonner 4 petits pains. Les faire ensuite dorer dans l'huile et le beurre chaud. Couvrir et cuire, à feu doux, environ 20 minutes.

2. Retirer tout le gras de la casserole; mélanger le reste de la crème de tomates et riz avec le liquide des champignons, puis verser sur les pains de viande. Poursuivre la cuisson de 15 à 20 minutes, en arrosant de temps en temps.

Pain de viande diablé

8 personnes
Chauffer le four à 350°F

2 livres de bœuf haché

1 boîte (4$^1/_2$ onces) de jambon diablé

1 petit oignon râpé

$^1/_2$ tasse de chapelure fine

1 œuf

Sel — Poivre

$^1/_2$ tasse de persil frais haché

2 c. à thé de basilic

1 tasse de jus de tomate

1. Mélanger le bœuf haché, le jambon diablé, l'oignon, la chapelure, l'œuf, le sel, le poivre, le persil, le basilic, le jus de tomate et presser dans un moule à pain, puis renverser sur une lèchefrite peu profonde.

2. Cuire au four environ 1 h à 1 h 15.

3. Pour servir, déposer le pain de viande sur un grand plat chaud et entourer avec des bouquets de chou-fleur cuit et des petites tomates (tomates-cerises) coupées en deux et sautées au beurre.

Pain de viande en croûte

2 livres de viande hachée mélangée: bœuf et porc
1 tasse de chapelure fine
$\frac{1}{2}$ tasse d'oignon haché
Sel — Poivre
1 œuf
2 boîtes (10 onces chacune) de sauce aux champignons
1 tasse de mélange pour croûte de tarte

1. Mélanger la viande hachée, la chapelure, l'oignon, le sel, le poivre, l'œuf et $\frac{3}{4}$ tasse de sauce aux champignons, puis façonner en un rouleau d'environ 9 pouces de longueur.

2. Préparer la pâte à tarte selon les indications données; l'abaisser sur une surface légèrement enfarinée en un rectangle de 12 × 9 pouces.

3. Déposer le rouleau de viande au centre de ce rectangle et replier la pâte sur la viande, en scellant bien; laisser les bouts ouverts.

4. Placer le rouleau de pâte, les points de jonction en dessous, dans une grande lèchefrite; faire une ou deux incisions sur le dessus de la pâte.

5. Faire cuire au four à 475°F durant 15 minutes; réduire la température à 325°F et poursuivre la cuisson de 40 à 45 minutes, ou jusqu'à ce que la pâte soit bien dorée.

6. Chauffer le reste de la sauce aux champignons et servir avec le pain de viande tranché.

Pain de viande étagé

6 personnes
Chauffer le four à 375°F

2 gros oignons tranchés
1 ¹/₂ livre de bœuf haché
Sel — Poivre
¹/₂ c. à thé de basilic
¹/₄ c. à thé d'origan
1 boîte (10 onces) de crème de tomates

1. Déposer la moitié des tranches d'oignon dans un moule carré de 8 pouces; couvrir avec le bœuf haché, sans presser. Saupoudrer le sel, le poivre, le basilic, l'origan. Placer le reste des tranches d'oignon et verser la crème de tomates.
2. Cuire au four 45 minutes à 1 heure.

Variante — Déposer dans le moule les tranches d'oignon et le bœuf haché de la même manière qu'il est dit ci-dessus.

Ajouter ensuite 1 tasse de fromage cottage à la crème, le sel, le poivre, le basilic, l'origan et la crème de tomates.

Cuire au four 30 minutes; saupoudrer ¹/₄ tasse de fromage parmesan râpé et poursuivre la cuisson de 20 à 25 minutes.

Pain de viande français

8 personnes
Chauffer le four à 350°F

1 tasse de lait

1¹/₂ tasse de cubes de pain français

2 livres de bœuf haché

¹/₂ tasse de céleri haché finement

¹/₂ tasse de carotte râpée

¹/₂ tasse d'oignon haché finement

1 œuf

1 c. à soupe de moutarde au raifort

Sel — Poivre

1. Verser le lait sur le pain et laisser reposer jusqu'à ce que le liquide soit complètement absorbé.

2. Ajouter ensuite le bœuf haché, le céleri, les carottes, l'oignon, l'œuf, la moutarde, le sel, le poivre et presser le mélange dans un moule à pain, puis renverser sur une lèchefrite peu profonde.

3. Cuire au four environ 1 h à 1 h 15.

Pain de viande gratiné

8 personnes
Chauffer le four à 350°F

2 livres de bœuf haché
1¼ tasse de cheddar râpé
2 tasses de mie de pain fraîche
½ tasse d'oignon haché
1 œuf
Sel — Poivre
1 c. à soupe de sauce Worcestershire
1 c. à soupe de moutarde préparée
1 boîte (7½ onces) de sauce tomates

1. Mélanger le bœuf haché, 1 tasse de fromage, la mie de pain, l'oignon, l'œuf, le sel, le poivre, la sauce Worcestershire, la moutarde préparée et façonner en forme de pain dans une lèchefrite.

2. Cuire au four environ 1 heure. Retirer le gras accumulé dans la lèchefrite.

3. Verser la sauce tomates sur le pain de viande, saupoudrer le reste du fromage et poursuivre la cuisson de 20 à 25 minutes.

Pains de viande individuels

1 ¹/₂ livre de bœuf haché

¹/₄ tasse d'oignon haché

Sel — Poivre

³/₄ tasse de sauce Chili

2 c. à soupe de sucre brun

1 c. à thé de moutarde en poudre

1 c. à soupe de vinaigre de cidre

Quelques gouttes de sauce Tabasco

1. Mélanger le bœuf haché, l'oignon, le sel, le poivre, et façonner en 6 petits pains et les placer sur un gril-lèchefrite.

2. Mélanger la sauce Chili, le sucre brun, la moutarde en poudre, le vinaigre et la sauce Tabasco.

3. Faire griller les petits pains de viande à 4 pouces de la chaleur durant 7 minutes; les retourner, les napper avec la sauce et poursuivre la cuisson de 6 à 8 minutes.

Pains de viande, sauce persillée

16 personnes
Chauffer le four à 375°F

3 œufs
1 tasse de lait évaporé
2 tasses de mie de pain fraîche
4 livres de viande hachée mélangée: bœuf et porc
1 tasse d'oignon haché
Sel — Poivre
2 c. à thé de sucre granulé
$\frac{1}{2}$ c. à thé d'épice « toutes épices »
$\frac{1}{2}$ c. à thé de muscade
$\frac{1}{4}$ c. à thé de thym
Sauce persillée

1. Battre les œufs avec le lait évaporé, puis verser ce mélange sur la mie de pain et laisser reposer quelques minutes. Ajouter alors la viande hachée, l'oignon, le sel, le poivre, le sucre, les épices.

2. Presser la moitié de ce mélange dans un moule à pain de 9 × 5 pouces, puis démouler sur une grande lèchefrite peu profonde. Procéder de la même manière avec le reste du mélange de viande et démouler à côté du premier pain de viande.

3. Cuire au four environ 1 heure. Retirer du four et déposer les deux pains de viande sur un grand plat chaud. Verser un peu de sauce persillée sur les deux pains de viande et servir le reste de la sauce à part.

Sauce persillée (2 tasses)
1 enveloppe de sauce Stroganoff
1$^1/_2$ tasse d'eau
$^1/_2$ tasse de crème sure commerciale
$^1/_3$ tasse de persil frais haché

1. Délayer le mélange à sauce Stroganoff dans l'eau et amener à ébullition; réduire le feu et laisser mijoter de 8 à 10 minutes, en remuant souvent.

2. Verser un peu de sauce chaude dans la crème sure et mélanger. Verser ensuite le tout dans la casserole, et chauffer jusqu'au point d'ébullition. Ajouter le persil et servir.

Pain de viande simple

1 $1/2$ livre de bœuf haché

1 tasse de chapelure fine

$1/2$ tasse d'oignon haché

2 œufs

1 boîte ($7^1/_2$ onces) de sauce tomates

Sel — Poivre

$1/8$ c. à thé de thym

$1/8$ c. à thé de marjolaine

$1/4$ tasse de sauce Chili

1. Mélanger le bœuf haché, la chapelure, l'oignon, l'œuf, la sauce tomates, le sel, le poivre, le thym, la marjolaine et façonner en forme de pain et déposer dans une lèchefrite peu profonde.

2. Badigeonner le pain de viande avec la sauce Chili et cuire au four environ 1 h à 1 h 15.

Pain de viande texan

8 personnes
Chauffer le four à 350°F

2 livres de bœuf haché

1/4 livre de chair à saucisse de porc

1 tasse d'oignon haché

1 tasse de mie de pain fraîche

1 tasse de ketchup-tomates

1 œuf

2 c. à thé de sauce Worcestershire

Sel — Poivre

1 c. à soupe de sucre brun

1/4 c. à thé de moutarde en poudre

1. Mélanger le bœuf haché, la chair de saucisse, l'oignon, la mie de pain, 1/2 tasse de ketchup-tomates, l'œuf, la sauce Worcestershire, le sel, le poivre et façonner en forme de pain et déposer dans une lèchefrite.

2. Cuire au four 45 minutes.

3. Mélanger le reste de ketchup-tomates, le sucre brun, la moutarde en poudre et verser sur le pain de viande.

4. Poursuivre la cuisson de 15 à 20 minutes, en arrosant une ou deux fois.

Pains de viande Wellington

8 personnes
Chauffer le four à 425°F

2 livres de bœuf haché
1 boîte (10 onces) de crème de céleri
3 carottes moyennes râpées
$^1/_2$ tasse d'oignon haché finement
1 œuf
Sel — Poivre
1 c. à thé d'épices à steak
Pâte à tarte de votre choix pour 2 abaisses
OU 1 enveloppe de mélange pour pâte à tarte préparée

Sauce:
Beurre ou margarine, fondu
4 c. à soupe de farine
1 tasse d'eau
1 tasse de lait
Sel — Poivre

1. Mélanger le bœuf haché, la crème de céleri, les carottes râpées, l'oignon, l'œuf, le sel, le poivre, les épices à steak.
2. Abaisser la pâte, la moitié à la fois, en un carré de 12 pouces; couper chaque carré en quatre.
3. Répartir le mélange de viande sur chaque carré de pâte et lui donner la forme d'un petit pain. Replier la pâte sur la viande et sceller le centre; laisser les bouts ouverts.
4. Placer les pains de viande sur un gril-lèchefrite et cuire au four de 50 à 60 minutes, jusqu'à ce que la pâte soit bien dorée. Retirer du plat de cuisson et garder au chaud.
5. Ajouter suffisamment de beurre fondu au gras de cuisson pour obtenir 4 c. à soupe de gras. Incorporer la farine à ce gras, puis ajouter l'eau, le lait et cuire, sans cesser de remuer, jusqu'à ce que la sauce commence à épaissir; saler, poivrer. Servir avec les pains en croûte.

Petits pains de viande au cheddar

6 personnes
Chauffer le four à 350°F

2 livres de bœuf haché
1 tasse de céréales « corn flakes » écrasées
1 petit oignon haché
$^1/_4$ tasse de relish verte sucrée
2 boîtes (10 onces chacune) de crème de cheddar
$^1/_2$ tasse de lait

1. Mélanger le bœuf haché, les céréales, l'oignon, la relish et diviser en 6 portions égales. Façonner chaque portion en forme de petit pain, puis les déposer sur une lèchefrite.
2. Incorporer le lait à la crème de cheddar, puis verser sur les pains de viande.
3. Cuire au four environ 1 heure, en arrosant souvent.

Petits pains de viande aux noix

4 personnes
Chauffer le four à 350°F

1 livre de bœuf haché
1 tasse de mie de pain fraîche
$1/2$ tasse de noix hachées
$1/4$ tasse de sauce Chili
Sel — Poivre
$1/2$ tasse de lait

1. Bien mélanger tous les ingrédients et façonner 4 petits pains.
2. Cuire au four de 35 à 40 minutes.

Petits pains de viande danois

6 personnes
Chauffer le four à 350°F

2 livres de bœuf haché
1 boîte (19 onces) de tomates, bien égouttées et hachées
1 tasse de mie de pain fraîche
1 œuf
Sel — Poivre
1 c. à thé de sauce Worcestershire
2 c. à soupe de fromage bleu émietté

1. Mélanger le bœuf haché, les tomates, la mie de pain, l'œuf, le sel, le poivre, la sauce Worcestershire et façonner 6 petits pains individuels; creuser un petit puits au centre de chacun.
2. Cuire au four 30 minutes. Déposer ensuite 1 c. à thé de fromage bleu dans le petit puits de chaque pain de viande et poursuivre la cuisson de 10 à 15 minutes, ou jusqu'à ce que le fromage soit fondu.

Roulade de bœuf haché aux carottes

8 personnes
Chauffer le four à 350°F

2 livres de bœuf haché
Sel — Poivre
$^1/_2$ c. à thé d'épices à steak
$^1/_4$ tasse de sauce barbecue
$^1/_4$ tasse de ketchup-tomates
2 tasses de carotte crue râpée
1 tasse de mie de pain fraîche
$^1/_4$ tasse de persil frais haché
2 œufs battus
1 tasse d'eau
$^1/_4$ tasse de farine
1 tasse de lait

1. Mélanger le bœuf haché, le sel, le poivre, les épices à steak et façonner en un rectangle d'environ 14 × 12 pouces.
2. Mélanger la sauce barbecue et le ketchup-tomates et badigeonner le rectangle de viande avec la moitié de ce mélange.
3. Mélanger les carottes, la mie de pain, les œufs et répartir ce mélange sur la viande. Rouler comme un gâteau et déposer sur une lèchefrite peu profonde beurrée, les points de jonction en dessous.
4. Badigeonner le rouleau de viande avec le reste de la sauce.
5. Cuire au four environ 1 heure, et badigeonner quelques fois avec la sauce. Retirer de la lèchefrite et garder au chaud.
6. Déglacer la lèchefrite avec l'eau en remuant vivement. Incorporer la farine puis le lait et cuire, sans cesser de remuer, jusqu'à ce que la sauce commence à épaissir. Laisser cuire 1 minute de plus, en remuant. Servir avec le rouleau de viande.

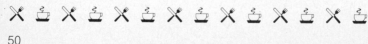

Rouleaux de bœuf haché aux légumes

8 personnes
Chauffer le four à 375°F

$^1/_2$ tasse d'oignon haché
2 c. à soupe de beurre ou de margarine
1 paquet (10 onces) de macédoine de légumes congelés
2 livres de bœuf haché
1 œuf
1 c. à soupe de moutarde préparée
2 c. à thé de sauce Worcestershire
Sel — Poivre
1 tasse de fromage cheddar râpé
3 tranches de bacon, coupées en deux

1. Faire sauter l'oignon dans le beurre chaud 3 ou 4 minutes. Ajouter les légumes congelés et les séparer à l'aide d'une fourchette. Couvrir et cuire environ 10 minutes, jusqu'à ce que les légumes soient tendres. Égoutter et laisser en attente.

2. Mélanger le bœuf haché, l'œuf, la moutarde préparée, la sauce Worcestershire, le sel, le poivre et façonner en un rectangle de 16 × 10 pouces.

3. Répartir le mélange de légumes sur le rectangle de viande; saupoudrer de fromage et rouler, comme un gâteau; presser les bouts pour bien sceller.

4. Déposer le rouleau de viande, les points de jonction en dessous, sur une lèchefrite beurrée, garnir avec les tranches de bacon et cuire au four environ 1 heure.

Le hamburger

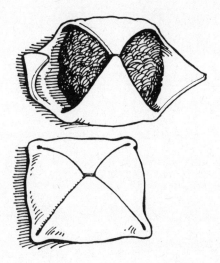

Le hamburger est toujours très populaire auprès des enfants. Il est pour vous, cuisinières, une aide précieuse, car il permet de préparer rapidement un repas.

Le hamburger simple se compose d'une galette de viande placée dans un pain hamburger. Mais une grande variété de garnitures et d'assaisonnements s'ajoutent au hamburger de base pour en faire un mets dont petits et grands raffolent. Sa forme peut varier: traditionnellement, il est rond, mais il peut aussi être carré, rectangulaire, selon le pain qui l'accompagne.

Le hamburger est cuit à la poêle dans un peu de beurre ou de margarine, ou encore il est grillé au four ou au barbecue. Le pain est nature ou rôti.

Les accompagnements du hamburger peuvent varier à l'infini, selon votre fantaisie. Mais les plus habituels sont: la moutarde, la relish, le ketchup-tomates, l'oignon, le fromage, les cornichons, les tomates.

Pour obtenir des hamburgers parfaits, manipuler la viande le moins possible, afin de la conserver tendre et juteuse. Incorporer les assaisonnements et autres ingrédients en utilisant toujours une fourchette pour mélanger. Si des œufs doivent être ajoutés à la viande, ne pas les battre auparavant.

Il est sage de toujours avoir au congélateur une provision de galettes de viande et de pains à hamburgers. Ils vous permettront de préparer rapidement un repas léger, ou plus substantiel, si vous accompagnez les hamburgers d'une soupe ou d'une salade.

Cuisson des hamburgers

Quel que soit le mode de cuisson choisi, évitez de retourner plusieurs fois les galettes de viande durant la cuisson, ce qui les assécherait et les durcirait. Les galettes de viande congelées ne demandent pas la décongélation avant la cuisson. Toutefois, leur temps de cuisson sera alors légèrement prolongé.

À la poêle:

Chauffer une poêle épaisse et y faire fondre un peu de beurre ou y chauffer un peu d'huile. Puis cuire les galettes de viande, à feu modéré, 6 ou 7 minutes, chaque côté, pour les galettes de 1 pouce d'épaisseur, et 4 ou 5 minutes chaque côté, pour les galettes de $1/2$ pouce d'épaisseur.

Au four:
Déposer les galettes de viande sur un gril-lèchefrite; les badigeonner avec la sauce de votre choix, puis les faire griller, à 4 pouces de la chaleur, 5 ou 6 minutes chaque côté.

Au barbecue:
Déposer les galettes de viande sur un gril chaud et huilé; les badigeonner avec la sauce de votre choix, puis les faire griller, à 4 pouces du feu, 5 ou 6 minutes chaque côté.

Formes variées de hamburgers:
1. Rond
2. Carré
3. En forme de saucisse
4. Rectangulaire
5. Triangulaire
6. En forme de beigne (dont le centre est rempli de moutarde, ketchup, relish)
7. Boulettes de viande modelées sur des olives vertes farcies et piquées sur une brochette

Bœuf haché à la marjolaine

4 personnes
Chauffer le four à « gril »

1 livre de bœuf haché
1 oignon moyen haché
Sel — poivre
$^1/_2$ c. à thé de marjolaine
8 tranches de pain blanc rôties et beurrées
2 c. à soupe de beurre ou de margarine
$^1/_4$ tasse de sauce à steak H.P.

1. Bien mélanger le bœuf haché, l'oignon, le sel, le poivre, la marjolaine, puis répartir ce mélange sur les 8 tranches de pain rôties et les déposer sur une tôle à biscuits.
2. Faire griller, à environ 4 pouces de la chaleur, 3 ou 5 minutes, ou jusqu'à ce que la viande soit cuite selon votre goût.
3. Fondre le beurre, puis y incorporer la sauce à steak et réchauffer parfaitement, en remuant.
4. Verser sur la viande au moment de servir.

Chili-burgers au fromage

1 livre de bœuf haché
1 petit oignon haché finement
Sel — Poivre
$^1/_2$ c. à thé d'épices à steak
$^1/_2$ tasse de fromage Muenster coupé en petits dés
$^1/_2$ c. à thé de poudre Chili
4 pains à hamburgers séparés, rôtis et beurrés

1. Mélanger le bœuf haché, l'oignon, le sel, le poivre, les épices à steak, le fromage, la poudre Chili et façonner 4 galettes de 1 pouce d'épaisseur.

2. Faire griller les galettes de viande à environ 4 pouces du feu, 6 minutes chaque côté.

3. Servir entre deux morceaux de pains rôtis.

Hamburgers à la chinoise

4 personnes

---

1 livre de bœuf haché
$^1/_2$ tasse de champignons en conserve égouttés et hachés
Sel — Poivre
2 c. à soupe de sauce Soya
4 petits pains ronds à la graine de sésame, séparés et rôtis

1. Bien mélanger le bœuf haché, les champignons, le sel, le poivre et façonner 4 galettes de 1 pouce d'épaisseur.

2. Badigeonner chaque côté des galettes de viande avec la sauce Soya et les faire griller, à 4 pouces de la chaleur, environ 6 à 8 minutes chaque côté.

3. Pour servir, déposer chaque galette de viande entre deux morceaux de pain.

Hamburgers à la grecque

4 hamburgers

1 livre de bœuf haché
1 petit oignon râpé
$^1/_4$ tasse de persil frais haché
Sel — Poivre
$^1/_4$ c. à thé de coriandre moulue
4 gaufres à la graine de sésame
4 tranches de fromage Feta[1]
4 quartiers de citron

1. Bien mélanger le bœuf haché, l'oignon, le persil, le sel, le poivre, la coriandre et façonner 4 galettes de 1 pouce d'épaisseur, puis les faire cuire, à feu moyen, 7 ou 8 minutes chaque côté.

2. Déposer une galette de viande sur chaque gaufre, puis garnir avec une tranche de fromage et un quartier de citron.

---

1. Ou $^1/_2$ tasse de fromage cottage ou ricotta.

Hamburgers à l'allemande

4 hamburgers

1 livre de bœuf haché
Sel — Poivre
$^1/_2$ c. à thé de graines de carvi
$^1/_2$ tasse de choucroute en conserve, bien égouttée
8 tranches de bacon
8 tranches carrées de pain pumpernickel beurrées

1. Mélanger le bœuf haché, le sel, le poivre, les graines de carvi et façonner 8 galettes de $^1/_2$ pouce d'épaisseur.
2. Déposer 2 c. à soupe de choucroute sur 1 galette de viande, puis recouvrir avec une seconde galette de viande; entourer d'une tranche de bacon et fixer avec des cure-dents. Procéder de la même manière pour les autres galettes de viande.
3. Faire griller les galettes de viande, à 4 pouces de la chaleur, 6 ou 7 minutes chaque côté, ou jusqu'à ce que le bacon soit croustillant.
4. Servir entre deux tranches de pain.

Hamburgers à la milanaise

2 livres de bœuf haché

Sel — Poivre

$^1/_2$ tasse de vinaigrette à l'italienne

8 onces de fromage mozzarella tranché

16 tranches de pain italien grillées

1. Saler et poivrer le bœuf haché et façonner 8 galettes d'environ $^3/_4$ pouce d'épaisseur et les déposer, côte à côte, dans un grand plat. Arroser avec la vinaigrette et réfrigérer 30 minutes, en arrosant souvent.

2. Faire griller les galettes de viande de 5 à 7 minutes chaque côté, en les badigeonnant avec la vinaigrette.

3. Déposer une tranche de fromage sur chaque galette de viande et poursuivre la cuisson 1 ou 2 minutes, jusqu'à ce que le fromage fonde légèrement.

4. Pour servir, déposer chaque galette de viande entre deux tranches de pain.

Hamburgers à la moutarde

4 personnes

¹/₄ tasse de lait
¹/₂ tasse de mie de pain fraîche
1 livre de bœuf haché
Sel — Poivre
1 c. à thé de moutarde préparée
¹/₄ c. à thé de sauge
4 pains à hamburgers rôtis

1. Verser le lait sur la mie de pain, puis mélanger avec le bœuf haché, le sel, le poivre, la moutarde préparée, la sauge et façonner 4 galettes de 1 pouce d'épaisseur.
2. Faire griller les galettes de viande, à 4 pouces de la chaleur 7 ou 8 minutes chaque côté.
3. Servir chaque galette de viande entre deux morceaux de pain rôtis.

Hamburgers à la parisienne

4 personnes

1 livre de bœuf haché
Sel — Poivre
2 c. à soupe de sherry
$^1/_2$ c. à thé de fines herbes mélangées
8 tranches de pain français, rôties et beurrées
8 radis râpés

1. Bien mélanger le bœuf haché, le sel, le poivre, le sherry, les
fines herbes et façonner 8 galettes de $^1/_2$ pouce d'épaisseur,
puis les faire cuire, à feu moyen, 4 minutes chaque côté.

2. Pour servir, garnir chaque tranche de pain avec une galette
de viande et saupoudrer avec les radis râpés.

Hamburgers à la romaine

4 personnes

1 livre de bœuf haché
Sel — Poivre
$1/2$ c. à thé de basilic
$1/4$ c. à thé d'origan
$1/3$ tasse de sauce tomates
2 tranches de fromage mozzarella coupées en deux
2 petits pains ronds croustillants, séparés, rôtis et beurrés

1. Mélanger le bœuf haché, le sel, le poivre, le basilic, l'origan et façonner 4 galettes de 1 pouce d'épaisseur..
2. Cuire les galettes de viande, à feu moyen, 8 minutes; retourner et poursuivre la cuisson 5 minutes. Déposer sur chaque galette 1 c. à soupe de sauce tomates et $1/2$ tranche de fromage, puis cuire 3 minutes de plus, ou jusqu'à ce que le fromage fonde légèrement.
3. Déposer les galettes de viande sur 4 demi-pains et recouvrir avec les demi-pains qui restent.

Hamburgers à l'oignon et au bacon

1 oignon espagnol coupé en 6 tranches épaisses

$^1/_4$ tasse d'huile

1$^1/_2$ livre de bœuf haché

$^1/_4$ tasse d'oignon haché finement

$^3/_4$ tasse de mie de pain fraîche

2 c. à soupe de persil frais haché

Sel — Poivre

1 œuf

$^1/_3$ tasse de ketchup-tomates

6 tranches de bacon coupées en deux

1. Déposer les tranches d'oignon dans une lèchefrite peu profonde, en un seul rang, verser l'huile et cuire au four à 350°F, durant 20 minutes.

2. Mélanger le bœuf haché, l'oignon, la mie de pain, le persil, le sel, le poivre, l'œuf et façonner 6 galettes de 1 pouce d'épaisseur.

3. Déposer une galette de viande sur chaque tranche d'oignon, badigeonner de ketchup-tomates et garnir avec 2 demi-tranches de bacon.

4. Remettre au four environ 30 minutes, ou jusqu'à ce que la viande soit cuite et le bacon croustillant.

Hamburgers au carvi

1 livre de bœuf haché

1 œuf

$^1/_2$ tasse de mie de pain fraîche

2 c. à soupe de lait

Sel — Poivre

$^1/_4$ c. à thé de muscade

2 tranches de fromage aux graines de carvi, coupées en deux

8 tranches carrées de pain de seigle beurrées

2 c. à soupe de beurre ou de margarine

1. Bien mélanger le bœuf haché, l'œuf, la mie de pain, le lait, le sel, le poivre, la muscade et façonner 4 galettes de 1 pouce d'épaisseur, puis les faire cuire, dans le beurre chaud, à feu moyen 7 ou 8 minutes chaque côté.

2. Placer une demi-tranche de fromage sur chaque galette de viande et déposer sur 4 tranches de pain de seigle, recouvrir avec les tranches de pain qui restent.

Hamburgers au chou

2 livres de bœuf haché

Sel — Poivre

$^1/_2$ c. à thé de graines de carvi

2 tasses de salade de chou (maison ou achetée)

6 tranches de pain de seigle beurrées

6 cornichons au fenouil coupés en deux dans le sens
de la longueur

1. Mélanger le bœuf haché, le sel, le poivre, les graines de carvi et façonner 6 galettes de 1 pouce d'épaisseur, puis les faire griller de 5 à 7 minutes chaque côté.

2. Déposer un peu de salade de chou sur chaque tranche de pain, puis garnir avec une galette de viande, surmonter d'un cornichon.

Hamburgers au mozzarella

8 personnes
Chauffer le four à « gril »

16 tranches de pain français
Beurre ou margarine
Sel d'ail
2 livres de bœuf haché
1 tasse de ketchup-tomates
$^1/_2$ tasse d'oignon haché finement
Sel — Poivre
1 c. à thé de basilic
$^1/_2$ c. à thé d'origan
1 paquet de 6 onces de fromage mozzarella en tranches

1. Faire rôtir, sur un seul côté, les tranches de pain, au four. Beurrer ensuite le côté non rôti, saupoudrer légèrement de sel d'ail et laisser en attente.

2. Mélanger le bœuf haché, le ketchup-tomates, l'oignon, le sel, le poivre, le basilic, l'origan et façonner 16 galettes de $^1/_2$ pouce d'épaisseur, de la grandeur des tranches de pain.

3. Faire griller les galettes de viande, à 3 pouces de la chaleur, 4 ou 5 minutes chaque côté.

4. Pour servir, placer une galette de viande cuite sur le côté non rôti d'une tranche de pain; garnir avec un morceau de fromage et faire griller jusqu'à ce que le fromage commence à fondre. Procéder de la même manière avec les autres galettes de viande et les tranches de pain.

Hamburgers aux pommes de terre

2 livres de bœuf haché
$^1/_2$ tasse d'oignon haché finement
Sel — Poivre
$^1/_4$ tasse d'épices à steak
3 c. à soupe de beurre ou de margarine
$2^1/_2$ tasses de purée de pommes de terre chaude
$^1/_2$ tasse de ketchup-tomates
Bouquet de persil frais

1. Bien mélanger le bœuf haché avec l'oignon, le sel, le poivre, les épices à steak et façonner 12 galettes de $^1/_2$ pouce d'épaisseur.

2. Cuire les galettes de viande dans le beurre chaud, 3 ou 4 minutes chaque côté.

3. Pour servir, placer 6 galettes de viande sur un grand plat chaud, garnir chacune avec la purée de pommes de terre, puis recouvrir avec les 6 galettes de viande qui restent. Garnir de ketchup-tomates et de persil.

Hamburgers aux tomates et champignons

2 livres de bœuf haché

$^1/_2$ tasse d'oignon haché finement

Sel — Poivre

$^1/_4$ c. à thé d'épices à steak

5 c. à soupe de beurre ou de margarine

Liquide des champignons

2 grosses tomates coupées en 6 tranches épaisses

1 boîte (10 onces) de boutons de champignons

3 pains à hamburgers séparés et grillés

Bouquets de persil frais

1. Mélanger le bœuf haché, l'oignon, le sel, le poivre, les épices à steak et façonner 6 galettes de 1 pouce d'épaisseur. Les faire cuire dans 3 c. à soupe de beurre chaud, 7 ou 8 minutes chaque côté. Les retirer du poêlon et les garder au chaud.

2. Verser le liquide des champignons dans le poêlon de cuisson des galettes de viande et déplacer en grattant vivement le fond, à feu vif. Laisser bouillir 2 ou 3 minutes.

3. Dans un autre poêlon, réchauffer, dans 2 c. à soupe de beurre, les tranches de tomates et les champignons.

4. Pour servir, déposer sur chaque demi-pain une galette de viande, une tranche de tomate et piquer dessus une brochette de boutons de champignons (piquer 3 ou 4 boutons de champignons sur un petit bâton); verser un peu de sauce sur la viande et garnir de persil frais.

Hamburgers danois

1 $^1/_2$ livre de bœuf haché
Sel — Poivre
$^1/_2$ c. à thé d'épices à steak
1 c. à soupe de sauce Worcestershire
1 oignon espagnol coupé en 4 tranches épaisses
4 c. à soupe de beurre ou de margarine
4 œufs
1 grosse tomate coupée en 4 tranches
2 pains à hamburgers séparés, rôtis et beurrés

1. Mélanger le bœuf haché, le sel, le poivre, les épices à steak, la sauce Worcestershire et façonner 4 galettes de 1 pouce d'épaisseur.

2. Faire dorer les tranches d'oignon dans 2 c. à soupe de beurre, en ne les retournant qu'une seule fois. Retirer du feu et garder en attente au chaud.

3. Cuire les galettes de viande, à feu modéré, 8 minutes chaque côté.

4. Dans une autre poêle, faire fondre 2 c. à soupe de beurre, y casser un à un les œufs, couvrir et cuire 3 ou 4 minutes, à feu doux.

5. Pour servir, placer une tranche de tomate sur chaque demi-pain, ajouter 1 tranche d'oignon, puis déposer une galette de viande et, enfin, un œuf cuit.

Hamburgers de luxe

2 livres de bœuf haché
2 c. à thé de sauce à steak H.P.
$^1/_2$ livre de bacon
1 boîte (10 onces) de crème de champignons
1 boîte (19 onces) de haricots verts coupés, égouttés
6 pains à hamburgers séparés et beurrés
3 grandes tranches de fromage mozzarella coupées
en languettes
6 anneaux d'oignon panés frits

1. Bien mélanger le bœuf haché, la sauce à steak et façonner 6 galettes de 1 pouce d'épaisseur.

2. Placer les galettes de viande et le bacon sur un gril-lèchefrite et faire griller au four, à environ 4 pouces de la chaleur, 5 minutes sans retourner le bacon.

3. Lorsque le bacon est croustillant d'un côté, le retirer et le garder en attente. Retourner les galettes de viande et les remettre au four 6 ou 7 minutes.

4. Mélanger la crème de champignons et les haricots verts et réchauffer parfaitement, à feu modéré, en remuant délicatement de temps à autre.

5. Placer alors les galettes de viande sur 6 demi-pains beurrés; disposer dessus les languettes de fromage en croix.

6. Répartir le mélange crème de champignons-haricots sur les 6 autres demi-pains beurrés et garnir avec les tranches de bacon disposées en croix, côté non croustillant dessus.

7. Faire griller le tout 1 ou 2 minutes, jusqu'à ce que le fromage soit fondu et que le bacon soit croustillant.

8. Au moment de servir, garnir les galettes de viande avec un anneau d'oignon chaud.

Hamburgers farcis

$^1/_2$ tasse de fromage cheddar râpé

$^1/_2$ tasse de mie de pain fraîche

2 c. à soupe de persil frais haché

2 c. à soupe de lait

1$^1/_2$ livre de bœuf haché

1 petit oignon râpé

2 c. à thé de sauce Worcestershire

Sel — Poivre

2 c. à soupe de beurre ou de margarine

4 pains à hamburgers

1. Mélanger le cheddar avec la mie de pain, le persil, le lait et façonner 4 boulettes d'égale grosseur.

2. Mélanger le bœuf haché, l'oignon, la sauce Worcestershire, le sel, le poivre. Diviser ce mélange en quatre portions égales.

3. Recouvrir entièrement avec ce mélange les 4 boulettes de fromage, puis les aplatir de manière à obtenir 4 galettes de 1 pouce d'épaisseur.

4. Cuire les galettes de viande dans le beurre chaud, 7 ou 8 minutes chaque côté.

5. Servir dans les pains rôtis.

Hamburgers farcis au fromage

2 livres de bœuf haché
Sel — Poivre
1 tasse de fromage cheddar râpé
$1/4$ tasse de sauce à steak H.P.
8 pains à hamburgers séparés et grillés
2 grosses tomates tranchées
1 gros oignon tranché et défait en anneaux

1. Mélanger le bœuf haché, le sel, le poivre et façonner 8 galettes de 6 pouces de diamètre. Garnir chaque galette avec le fromage râpé, puis replier la viande en scellant bien.

2. Faire griller les hamburgers en les badigeonnant avec la sauce à steak, 5 ou 6 minutes chaque côté.

3. Pour servir, déposer 1 galette de viande sur un demi-pain, puis 1 tranche de tomate et des anneaux d'oignon et recouvrir avec le second demi-pain. Procéder ainsi pour les autres hamburgers.

Hamburgers ouverts à l'oignon

1 livre de bœuf haché
$1/2$ tasse de céréales « corn flakes » écrasées
1 enveloppe de mélange pour soupe à l'oignon
$1/4$ tasse de lait
1 œuf
3 c. à soupe de beurre ou de margarine
2 c. à soupe de farine
$1/2$ tasse de champignons tranchés en conserve, égouttés
$1\,1/2$ tasse de liquide (eau des champignons + eau froide)
$1/2$ c. à thé d'épices mélangées italiennes
4 pains à hamburgers séparés et rôtis

1. Mélanger le bœuf haché, les céréales, la moitié du mélange pour soupe à l'oignon, le lait, l'œuf et façonner 8 galettes de $1/2$ pouce d'épaisseur. Les faire dorer dans le beurre chaud, des deux côtés.

2. Mélanger le reste du mélange pour soupe à l'oignon, la farine, les champignons, le liquide, les épices et verser sur les galettes de viande. Amener à ébullition, puis réduire le feu, couvrir et laisser cuire de 20 à 25 minutes, en remuant de temps à autre.

3. Pour servir, déposer une galette de viande sur chaque demi-pain avec un peu de sauce.

Hamburgers texans

1 livre de bœuf haché
$^1/_2$ tasse de pacanes hachées
Sel
$^1/_8$ c. à thé d'épice « toutes épices »
2 c. à soupe de beurre ou de margarine
4 pains à hamburgers séparés
2 c. à soupe de persil frais haché
1 grosse tomate coupée en 4 tranches épaisses
4 petits cornichons sucrés

1. Mélanger le bœuf haché, les pacanes, le sel, et les épices; façonner 4 galettes de 1 pouce d'épaisseur.
2. Cuire les galettes de viande 7 ou 8 minutes chaque côté, dans le beurre chaud.
3. Rôtir les pains, les beurrer, les saupoudrer de persil haché. Placer une galette de viande sur 4 demi-pains, puis une tranche de tomate; recouvrir avec les demi-pains qui restent et retenir avec un cure-dent surmonté d'un petit cornichon sucré.

Hamburgers thaïlandais

1 ¹/₂ livre de bœuf haché
2 c. à soupe de café noir fort
Sel — Poivre
3 c. à soupe de sauce Soya
2 c. à soupe de beurre ou de margarine
4 petits pains ronds à la graine de pavot

1. Mélanger le bœuf haché, le café, le sel, le poivre et façonner 4 galettes de 1 pouce d'épaisseur.
2. Badigeonner un côté de chacune des galettes de viande avec la sauce Soya et faire cuire, dans le beurre chaud, 7 ou 8 minutes. Retourner, badigeonner à nouveau de sauce Soya et poursuivre la cuisson 5 ou 6 minutes.
3. Servir entre deux morceaux de pain.

Hamburgers Tivoli

1 livre de bœuf haché
1 petit oignon haché finement
Sel — Poivre
$^1/_2$ c. à thé d'épices à steak
4 pains à hamburgers séparés, rôtis et beurrés
$^1/_4$ tasse de fromage bleu
1 c. à soupe de mayonnaise
$^1/_2$ c. à thé de sauce Soya

1. Mélanger le bœuf haché, l'oignon, le sel, le poivre, les épices à steak et façonner 4 galettes de 1 pouce d'épaisseur.
2. Faire griller les galettes de viande à environ 4 pouces du feu, 6 minutes chaque côté.
3. Bien mélanger le fromage bleu, la mayonnaise, la sauce Soya et badigeonner chaque galette de viande avec ce mélange.
4. Remettre sur le gril jusqu'à ce que le fromage commence à bouillonner.
5. Servir entre deux morceaux de pains rôtis.

Galettes
de viande

Carrés de bœuf haché

1 livre de bœuf haché
Sel — Poivre
1 c. à soupe de sauce Worcestershire
Garniture au fromage ou aux tomates

1. Mélanger le bœuf haché, le sel, le poivre, la sauce Worcestershire et former un carré de 8 pouces, puis couper en quatre portions égales.
2. Répartir la garniture de votre choix sur chacun des carrés et refermer en pressant bien les bords pour sceller parfaitement.
3. Faire griller la viande, à 4 pouces de la chaleur, 6 ou 7 minutes chaque côté.

Garniture au fromage — Mélanger 1 tasse de fromage cheddar râpé avec ½ tasse de sauce Chili.

Garniture aux tomates — Mélanger ½ tasse de tomates fraîches hachées avec 2 c. à soupe d'oignon haché finement et un peu de sel et de poivre.

Galettes de bœuf haché à l'orientale

1 livre de bœuf haché
Sel — Poivre
4 c. à thé de sauce Soya
1 c. à thé de zeste de citron râpé
$1/4$ c. à thé de gingembre moulu
1 c. à soupe de jus de citron

1. Mélanger le bœuf haché, le sel, le poivre, 1 c. à thé de sauce Soya, le zeste de citron, le gingembre et façonner 4 galettes de 1 pouce d'épaisseur.

2. Mélanger 3 c. à thé de sauce Soya et le jus de citron et badigeonner les galettes de viande avec ce mélange avant de les faire griller au four, à 4 pouces de la chaleur, 6 ou 7 minutes chaque côté.

Galettes de bœuf haché au bacon et au fromage

6 tranches de bacon
1$^1/_2$ livre de bœuf haché
$^1/_2$ tasse de fromage cheddar râpé
Sel — Poivre

1. Cuire le bacon jusqu'à ce qu'il soit croustillant, puis le briser en petits morceaux.
2. Bien mélanger le bœuf haché, le bacon, le fromage, le sel, le poivre et former 4 galettes de 1 pouce d'épaisseur.
3. Cuire les galettes de viande dans un peu de gras du bacon, 7 ou 8 minutes chaque côté.

Galettes de bœuf haché au poivre noir

6 personnes

2 livres de bœuf haché
1 c. à soupe de sauce Worcestershire
2 c. à thé de sauce Soya
Sel
1 cube de bouillon de bœuf
$^1/_4$ tasse d'eau bouillante
Poivre noir fraîchement moulu
1 c. à soupe d'huile
1 c. à soupe de beurre ou de margarine

1. Bien mélanger le bœuf haché avec les sauces Worcestershire et Soya, et le sel.
2. Dissoudre le cube de bouillon de bœuf dans l'eau bouillante et incorporer au mélange de viande. Former 6 galettes de viande de 1 pouce d'épaisseur.
3. Poivrer généreusement les galettes de viande des deux côtés, en pressant légèrement avec les mains pour bien faire pénétrer le poivre.
4. Cuire les galettes de viande dans l'huile et le beurre chauds, 7 ou 8 minutes chaque côté.

Galettes de bœuf haché
aux légumes

1½ livre de bœuf haché

1 petit oignon râpé

1 tasse de pommes de terre cuites, hachées finement

½ tasse de betteraves cuites, hachées finement

2 c. à soupe de relish verte

1 œuf

⅓ tasse de lait évaporé

Sel — Poivre

3 c. à soupe de beurre ou de margarine

1. Bien mélanger le bœuf haché, les légumes, la relish, l'œuf, le lait évaporé, le sel, le poivre et façonner 6 galettes de 1 pouce d'épaisseur.
2. Faire cuire, à feu moyen, les galettes de viande dans le beurre chaud, 7 ou 8 minutes chaque côté.

Galettes de bœuf haché aux pêches

4 personnes

1$^1/_2$ livre de bœuf haché
Sel — Poivre
2 tasses de purée de pommes de terre chaude
1 œuf
4 demi-pêches en conserve, bien égouttées
2 c. à soupe de beurre ou de margarine fondu
$^1/_4$ tasse de relish verte

1. Saler et poivrer le bœuf haché et façonner 4 galettes de 1 pouce d'épaisseur.

2. Battre l'œuf et l'incorporer, en battant, à la purée de pommes de terre.

3. Sur une tôle à biscuits beurrée, déposer, à la cuiller, la purée de pommes de terre, puis les demi-pêches, côté bombé en dessous. Badigeonner le tout avec le beurre fondu et laisser en attente.

4. Faire griller les galettes de viande au four, à 4 pouces de la chaleur, 8 minutes sur un côté. Les déposer en les retournant sur une tôle à biscuits avec la purée de pommes de terre et les demi-pêches, puis remettre au four environ 5 minutes.

5. Pour servir, garnir les galettes de viande avec la purée de pommes de terre et les dresser sur un grand plat chaud, en alternant avec les demi-pêches farcies à la relish.

Galettes de
bœuf haché Belmont

4 personnes

1½ livre de bœuf haché
¼ tasse de piment vert haché finement
2 c. à soupe de ciboulette fraîche hachée
2 c. à soupe de persil frais haché
Sel — Poivre
½ c. à thé de paprika
2 c. à soupe de farine
Huile
4 c. à soupe de beurre ou de margarine
½ tasse de sauce Chili
½ tasse de jus d'orange
1 c. à thé de sucre granulé
1 c. à soupe de jus de citron
1 c. à thé de moutarde préparée
¼ c. à thé de sauce Tabasco

1. Mélanger le bœuf haché, le piment vert, la ciboulette, le persil, le sel, le poivre, le paprika et façonner 4 galettes de 1 pouce d'épaisseur; les saupoudrer de farine, les badigeonner avec un peu d'huile, puis les faire griller, à 4 pouces de la chaleur, 7 ou 8 minutes chaque côté.

2. Fondre le beurre dans une petite casserole, ajouter le reste des ingrédients et amener au point d'ébullition.

3. Pour servir, napper les galettes de viande avec la sauce chaude.

Galettes de bœuf haché gratinées

4 personnes

1 ¹/₂ livre de bœuf haché
¹/₄ tasse de sauce barbecue
1 petit oignon râpé
Sel — Poivre
1 ¹/₂ tasse de purée de pommes de terre chaude
¹/₄ tasse de fromage cheddar râpé

1. Bien mélanger le bœuf haché, la sauce barbecue, l'oignon, le sel, le poivre et façonner 4 galettes de 1 pouce d'épaisseur, puis les faire griller, à 4 pouces de la chaleur, 6 ou 8 minutes chaque côté.

2. Garnir chaque galette de viande avec la purée de pommes de terre, saupoudrer de fromage râpé et griller 1 ou 2 minutes, jusqu'à ce que le fromage commence à fondre.

Galettes de bœuf haché,
sauce barbecue

1 livre de bœuf haché
1 petit oignon râpé
Sel — Poivre
$1/4$ c. à thé de poudre Chili
2 c. à soupe de beurre ou de margarine

SAUCE BARBECUE:
$1/2$ tasse d'eau
$1/2$ tasse de ketchup-tomates
$1/4$ tasse de sauce Chili
1 c. à soupe de sucre brun
1 c. à soupe de sauce Worcestershire
1 c. à thé de jus de citron
$1/4$ c. à thé de poudre Chili
Sel

1. Mélanger le bœuf haché, l'oignon, le sel, le poivre, la poudre Chili et façonner 4 galettes de 1 pouce d'épaisseur.
2. Faire cuire les galettes de viande dans le beurre chaud 3 ou 4 minutes chaque côté. Les retirer de la poêle et les garder au chaud.
3. Retirer complètement le gras de cuisson de la poêle et y verser graduellement tous les ingrédients de la sauce et amener à ébullition; laisser mijoter, à feu modéré, 3 ou 4 minutes, en remuant fréquemment.
4. Remettre les galettes de viande dans cette sauce et poursuivre la cuisson 5 minutes.

Galettes de bœuf haché, sauce champignons

1 livre de bœuf haché
$^1/_4$ tasse de piment vert haché finement
Sel — Poivre
1 c. à thé de moutarde en poudre
$^1/_2$ tasse de lait
2 c. à soupe de beurre ou de margarine
1 boîte (10 onces) de crème de champignons

1. Bien mélanger le bœuf haché, le piment vert, le sel, le poivre, la moutarde en poudre.
2. Ajouter le lait et façonner 4 galettes de 1 pouce d'épaisseur.
3. Faire dorer les galettes de viande, des deux côtés, dans le beurre chaud, puis verser graduellement la crème de champignons. Remuer délicatement afin de bien incorporer le gras de cuisson à la crème de champignons, mais sans briser les galettes de viande.
4. Couvrir et laisser mijoter, à feu doux, 10 minutes, en remuant délicatement de temps à autre.

Galettes de bœuf haché, sauce Chili

4 personnes

1 oignon espagnol coupé en 4 tranches épaisses
4 c. à soupe de beurre ou de margarine
1/4 tasse d'eau froide
3 c. à soupe de sucre brun
1/4 c. à thé de paprika
2 livres de bœuf haché
Sel — Poivre
1/4 c. à thé d'épices à steak

SAUCE CHILI
1/2 tasse de sauce Chili
1/2 tasse d'eau
1 c. à soupe de sirop de maïs
1 c. à soupe de sauce Worcestershire

1. Préparer la sauce Chili en mélangeant bien tous les ingrédients qui la composent, puis laisser en attente.
2. Faire dorer les tranches d'oignon dans 2 c. à soupe de beurre chaud, des deux côtés; prendre garde de les briser en les retournant. Ajouter ensuite l'eau, le sucre brun, couvrir et laisser mijoter de 8 à 10 minutes; saupoudrer de paprika et laisser en attente au chaud.
3. Mélanger le bœuf haché, le sel, le poivre, les épices à steak et façonner 4 galettes de 1 pouce d'épaisseur, un peu plus grandes que les tranches d'oignon, puis 4 autres un peu plus petites.
4. Faire dorer les galettes de viande dans 2 c. à soupe de beurre chaud, 6 ou 7 minutes; puis les retourner délicatement et poursuivre la cuisson 5 minutes. Arroser avec un peu de sauce Chili et poursuivre la cuisson 3 ou 4 minutes.
5. Pour servir, déposer les plus grandes galettes de viande dans un plat chaud, placer dessus une tranche d'oignon, puis recouvrir avec les galettes de viande plus petites. Napper avec le reste de la sauce.

Galettes de bœuf haché, sauce crème

4 personnes

1 1/2 livre de bœuf haché
1 œuf
1/2 tasse de mie de pain fraîche
1/3 tasse de lait évaporé
1/4 tasse d'oignon haché finement
Sel — Poivre
1 c. à soupe d'huile
1 boîte (10 onces) de crème de poulet
1/2 tasse de jus de pomme
2 c. à thé de paprika
1/2 tasse de crème sure commerciale
2 c. à thé de farine

1. Mélanger le bœuf haché, l'œuf, la mie de pain, le lait évaporé, l'oignon, le sel, le poivre et façonner 8 galettes de 3/4 pouce d'épaisseur.
2. Faire dorer des deux côtés les galettes de viande dans l'huile chaude; les retirer du poêlon et les mettre de côté.
3. Retirer tout le gras de cuisson du poêlon, puis y verser la crème de poulet, le jus de pomme, ajouter le paprika; remettre les galettes de viande dans le poêlon, couvrir et laisser mijoter de 15 à 20 minutes, en remuant de temps en temps.
4. Mélanger la crème sure avec la farine, puis incorporer graduellement et en remuant dans la sauce chaude.

Galettes de bœuf haché, sauce piquante

1¹/₂ livre de bœuf haché
Sel — Poivre
¹/₄ tasse de moutarde en poudre
¹/₄ tasse de lait
2 c. à thé de sauce à steak H.P.
1 c. à soupe de sauce Chili

1. Saler et poivrer le bœuf haché et façonner 4 galettes de 1 pouce d'épaisseur.
2. Griller les galettes de viande au four, à 4 pouces de la chaleur, 6 ou 7 minutes chaque côté.
3. Incorporer graduellement le lait à la moutarde afin d'obtenir une pâte lisse. Ajouter peu à peu la sauce à steak et la sauce Chili. Cuire en remuant sans cesse jusqu'à ce que la sauce épaississe.
4. Servir la sauce sur les galettes de viande.

Galettes de bœuf haché, sauce tomates

4 personnes

1 livre de bœuf haché
Sel — Poivre
3 gros oignons tranchés
1 gros piment vert tranché (grains et filaments blancs
intérieurs enlevés)
3 c. à soupe d'huile
1 boîte (14 onces) de sauce tomates et champignons
$1/8$ c. à thé de thym

1. Saler et poivrer le bœuf haché et façonner 4 galettes de 1 pouce d'épaisseur.

2. Faire revenir les oignons et le piment dans l'huile chaude 4 ou 5 minutes. Les retirer du poêlon et les mettre de côté.

3. Cuire les galettes de viande dans le même poêlon 3 ou 4 minutes chaque côté.

4. Remettre les oignons et le piment dans le poêlon, ajouter la sauce tomates, le thym, couvrir et laisser mijoter, à feu modéré, 10 minutes.

Galettes de viande au fromage et à l'oignon

8 personnes
Chauffer le four à 350°F

1¹/₂ livre de bœuf haché
¹/₂ livre de porc haché
2 œufs
Sel — Poivre
1 c. à thé d'épices à steak
1 paquet (8 onces) de fromage mozzarella tranché
1 gros oignon espagnol tranché
¹/₄ tasse de sauce barbecue*

1. Mélanger le bœuf et le porc hachés, les œufs, le sel, le poivre, les épices à steak; diviser ce mélange en deux et façonner deux cercles de 9 pouces de diamètre.

2. Déposer un cercle de viande sur une grande lèchefrite peu profonde, garnir avec les tranches de fromage et l'oignon, puis recouvrir avec le second cercle de viande.

3. Cuire au four 45 minutes. Badigeonner alors avec la sauce barbecue et poursuivre la cuisson de 10 à 15 minutes.

*Recette pages 91, 149 et 150.

Galettes de viande aux légumes

8 personnes

2 livres de bœuf haché

Sel — Poivre

$^1/_4$ c. à thé de clou de girofle moulu

$^3/_4$ tasse de vinaigre de cidre

1 carotte moyenne coupée en rondelles minces

1 oignon moyen tranché

1 branche de céleri tranchée

1 feuille de laurier

$^3/_4$ tasse d'eau

2 c. à soupe de sucre brun

3 clous de girofle entiers

$^1/_2$ tasse d'eau chaude

1. Mélanger le bœuf haché, le sel, le poivre, le clou de girofle, $^1/_4$ tasse de vinaigre de cidre et façonner en une grosse galette et la déposer dans un grand poêlon.

2. Placer les tranches de carotte, d'oignon, de céleri autour de la viande; ajouter la feuille de laurier.

3. Mélanger l'eau, le reste du vinaigre de cidre, le sucre brun et verser sur la viande.

4. Couvrir le poêlon et cuire environ 1 heure, à feu modéré, en arrosant souvent durant la cuisson.

5. Retirer la galette de viande du poêlon, la déposer sur un grand plat chaud, retirer la feuille de laurier.

6. Verser l'eau chaude dans le poêlon de cuisson et chauffer, en remuant constamment, jusqu'à ce que la sauce commence à épaissir.

7. Napper la viande avec cette sauce et servir aussitôt.

Galettes de viande aux pommes de terre

4 personnes

1¹/₂ livre de bœuf haché
¹/₂ tasse d'oignon haché finement
Sel — Poivre
3 c. à soupe de beurre ou de margarine
2 c. à soupe de farine
¹/₄ c. à thé de paprika
1 cube de bouillon de poulet
¹/₂ tasse d'eau bouillante
¹/₂ tasse de champignons tranchés en conserve, égouttés
¹/₄ tasse du liquide des champignons
2 c. à soupe de sauce Chili
¹/₂ tasse de crème sure commerciale
Purée de pommes de terre chaude

1. Mélanger le bœuf haché, l'oignon, le sel, le poivre et façonner 8 galettes de ¹/₂ pouce d'épaisseur. Les faire ensuite dorer dans le beurre chaud, des deux côtés. Retirer du feu et laisser en attente.

2. Incorporer la farine et le paprika dans le gras de cuisson de la viande, puis ajouter le cube de bouillon de poulet dissous dans l'eau bouillante. Ajouter les champignons, leur liquide et poursuivre la cuisson jusqu'à ce que la sauce commence à épaissir.

3. Remettre alors les galettes de viande dans la sauce, couvrir et laisser cuire environ 15 minutes.

4. Mélanger la sauce Chili et la crème sure, puis verser graduellement dans la sauce chaude.

5. Pour servir, réunir 2 galettes de viande avec un peu de purée de pommes de terre et napper avec la sauce. Procéder ainsi pour les autres galettes de viande.

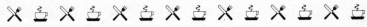

Galettes de viande vite faites

1 $^{1}/_{2}$ livre de bœuf haché
1 tasse de fromage canadien râpé
$^{1}/_{4}$ tasse de biscuits soda émiettés
$^{1}/_{2}$ tasse d'oignon haché
1 boîte (10 onces) de sauce aux champignons
Sel — Poivre
Purée de pommes de terre chaude

1. Mélanger le bœuf haché, le fromage, les biscuits soda, l'oignon, $^{1}/_{2}$ tasse de sauce aux champignons, le sel, le poivre et façonner en 6 petites galettes de même grandeur et les déposer sur une lèchefrite. Cuire au four 30 minutes.
2. Amener le reste de la sauce aux champignons au point d'ébullition.
3. Répartir la purée de pommes de terre en 6 petites montagnes, sur un grand plat chaud; creuser un petit puits au centre de chacune et remplir avec la sauce aux champignons; déposer ensuite les galettes de viande dessus.

Rouleaux de bœuf haché, sauce champignons

6 personnes

1¹/₂ livre de bœuf haché
1 œuf
2 tranches de pain blanc, sans croûte, émiettées
¹/₂ tasse d'eau froide
1 c. à thé de moutarde en poudre
Sel — Poivre
2 cornichons au fenouil
1 c. à soupe d'huile
2 boîtes (10 onces chacune) de crème de champignons
¹/₂ tasse de vinaigre des cornichons

1. Bien mélanger le bœuf haché avec l'œuf, la mie de pain, l'eau, la moutarde en poudre, le sel, le poivre. Diviser ce mélange en 12 portions égales.

2. Couper chaque cornichon en 6 tranches dans le sens de la longueur, puis enrouler autour de chaque tranche une portion du mélange de viande précédent.

3. Faire dorer les rouleaux de viande dans l'huile chaude, 4 ou 5 minutes, en les retournant délicatement.

4. Mélanger la crème de champignons et le vinaigre des cornichons et verser dans la casserole; couvrir et laisser mijoter 20 minutes, en retournant les rouleaux de viande de temps à autre durant la cuisson.

Les boulettes
de viande

Vous trouverez, dans ce chapitre, une variété de recettes de boulettes de viande, toutes aussi succulentes les unes que les autres. Accompagnées de nouilles, de riz, d'une purée de pommes de terre ou encore de légumes, elles vous permettront de varier vos menus en présentant à votre famille des plats nouveaux.

Conseils éclair:

1. Pour confectionner rapidement des boulettes de viande d'égale grosseur, façonner tout d'abord le mélange de viande en un rectangle d'environ 1 pouce d'épaisseur; puis, selon la grosseur de boulettes désirée, diviser le rectangle en deux, quatre, huit ou seize portions.

2. Pour enfariner un grand nombre de boulettes de viande: placer la farine (le sel, le poivre, les épices, les fines herbes, s'il y a lieu) dans un sac en plastique; ajouter les boulettes de viande (un peu à la fois) et remuer vivement.

3. Autre moyen d'enfariner les boulettes de viande: mettre la farine dans une salière et saupoudrer sur les boulettes de viande déposées sur un papier ciré.

Boulettes de bœuf haché au riz

1 œuf
$^1/_2$ tasse d'eau
1 enveloppe de mélange pour soupe à l'oignon
1$^1/_2$ livre de bœuf haché
$^1/_2$ tasse de riz non cuit
1 boîte (48 onces) de jus de tomate
Sel — Poivre
1 c. à thé de sucre granulé

1. Battre l'œuf avec l'eau et 2 c. à soupe du mélange pour soupe à l'oignon. Ajouter ensuite le bœuf haché et $^1/_4$ tasse de riz. Façonner environ 12 boulettes d'égale grosseur, puis les rouler dans le reste du riz ($^1/_4$ tasse) en pressant pour faire pénétrer le riz dans la viande.

2. Amener le jus de tomate à ébullition; ajouter le reste de mélange pour soupe à l'oignon, le sel, le poivre, le sucre et les boulettes de viande.

3. Couvrir et laisser mijoter de 45 à 60 minutes, en remuant souvent durant la cuisson.

Boulettes de viande à la chinoise

1 ¹/₂ livre de bœuf haché

2 œufs

Sel — Poivre

3 c. à soupe d'huile

3 gros oignons tranchés

2 tasses de céleri tranché

1 boîte (10 onces) de bouillon de bœuf

1 c. à thé de sucre granulé

1 livre de fèves germées

2 c. à soupe de fécule de maïs

3 c. à soupe de sauce Soya

1 c. à soupe d'eau

1. Mélanger le bœuf haché, les œufs, le sel, le poivre et façonner environ 36 boulettes d'égale grosseur, puis les faire dorer dans l'huile chaude. Les retirer de la casserole et les mettre de côté.

2. Cuire l'oignon et le céleri dans la même casserole 4 ou 5 minutes, en remuant souvent. Ajouter le bouillon de bœuf, le sucre, les fèves germées et les boulettes de viande.

3. Couvrir et laisser mijoter de 15 à 20 minutes, en remuant fréquemment.

4. Délayer la fécule de maïs avec la sauce Soya et l'eau, puis verser graduellement, en remuant, dans la casserole. Poursuivre la cuisson, sans cesser de remuer, jusqu'à ce que la sauce commence à épaissir.

5. Servir sur un nid de riz ou des nouilles chinoises frites.

Boulettes de viande à la suédoise

6 personnes

1 $^1/_2$ livre de bœuf haché
2 tasses de purée de pommes de terre
$^1/_4$ tasse d'oignon haché finement
$^1/_4$ tasse de betteraves cuites et hachées
2 c. à soupe de cornichons au fenouil hachés
2 œufs
$^1/_2$ tasse de crème à 15%
Sel — Poivre
4 c. à soupe de beurre ou de margarine
3 c. à soupe de farine
1 $^1/_2$ tasse d'eau

1. Mélanger le bœuf haché, la purée de pommes de terre, l'oignon, les betteraves, les cornichons, les œufs, la crème, le sel, le poivre et façonner environ 36 boulettes d'égale grosseur. Les faire ensuite dorer dans le beurre chaud; les retirer de la casserole et les garder en attente.

2. Incorporer la farine dans le gras de cuisson des boulettes; verser ensuite l'eau et cuire, en remuant sans cesse, jusqu'à ce que la sauce commence à épaissir.

3. Remettre les boulettes dans la casserole et chauffer à feu modéré, jusqu'à ce que la sauce commence à faire des bulles.

Boulettes de viande à l'italienne

4 personnes

1 livre de bœuf haché

1 œuf

$^1/_2$ tasse de mie de pain fraîche

1 c. à soupe de persil frais haché

Sel — Poivre

2 c. à soupe d'huile

1 tasse d'oignon haché

1 gousse d'ail écrasée

4 tasses d'aubergine coupée en dés

1 boîte (19 onces) de tomates

1 c. à thé de sucre granulé

1 c. à thé cumin

1. Mélanger le bœuf haché, l'œuf, la mie de pain, le persil, le sel, le poivre et façonner environ 24 boulettes d'égale grosseur, puis les faire dorer dans l'huile chaude. Les retirer de la casserole et les garder en attente.

2. Faire sauter l'oignon et l'ail dans le gras de cuisson des boulettes 3 ou 4 minutes, en remuant. Ajouter les dés d'aubergine, les boulettes de viande, les tomates, le sel, le sucre, le cumin.

3. Couvrir et laisser mijoter 30 minutes, en remuant fréquemment.

Boulettes de viande au bacon

4 tranches de bacon coupées en dés
$1/2$ tasse d'oignon haché
$1 1/2$ livre de bœuf haché
1 œuf
Sel — Poivre
$1/4$ c. à thé d'épice « toutes épices »
2 c. à soupe de beurre ou de margarine
2 c. à soupe de farine
1 boîte (10 onces) de consommé de bœuf
$2/3$ tasse de lait évaporé

1. Faire sauter le bacon et l'oignon 4 ou 5 minutes, en remuant fréquemment; égoutter et mettre de côté.

2. Mélanger le bœuf haché, l'œuf, le sel, le poivre, les épices, puis ajouter le mélange bacon-oignon et façonner environ 36 boulettes d'égale grosseur. Les faire ensuite dorer dans le beurre chaud.

3. Repousser les boulettes de viande sur le côté de la casserole, puis incorporer la farine, puis ajouter le consommé de bœuf et cuire, en remuant, jusqu'à ce que la sauce épaississe légèrement.

4. Réduire le feu et laisser mijoter de 10 à 15 minutes. Ajouter le lait évaporé et amener au point d'ébullition. Servir aussitôt.

Boulettes de viande aux carottes

1 livre de bœuf haché

1 boîte (10 onces) de consommé de bœuf

$^1/_4$ tasse de chapelure fine

$^1/_2$ tasse d'oignon haché finement

Sel — Poivre

3 c. à soupe de beurre ou de margarine

8 carottes pelées

1 c. à soupe de farine

$^1/_2$ tasse de lait évaporé

1. Mélanger le bœuf haché avec $^1/_4$ tasse de consommé de bœuf, la chapelure, l'oignon, le sel, le poivre et façonner environ 20 boulettes d'égale grosseur. Les faire ensuite dorer dans le beurre chaud.

2. Ajouter le reste du consommé, les carottes, couvrir la casserole et laisser mijoter de 25 à 30 minutes, ou jusqu'à ce que les carottes soient tendres.

3. Déposer alors les boulettes de viande au centre d'un grand plat chaud et placer les carottes tout autour.

4. Incorporer la farine au liquide de cuisson, puis ajouter le lait évaporé et cuire, sans cesser de remuer, jusqu'à ce que la sauce commence à épaissir.

5. Napper les boulettes de viande et les carottes avec cette sauce et servir aussitôt.

Boulettes de viande aux légumes

4 personnes
Chauffer le four à 375°F

2 tasses de pommes de terre tranchées
1 tasse de carottes tranchées
1 oignon moyen tranché
1 livre de bœuf haché
1 œuf
$^1/_4$ tasse de chapelure fine
$^1/_3$ tasse de lait
Sel — Poivre
$^1/_4$ c. à thé de thym
2 c. à soupe de beurre ou de margarine
1 boîte (10 onces) de crème de champignons
1 tasse de crème sure commerciale
$^1/_2$ c. à thé de paprika

1. Faire bouillir les pommes de terre, les carottes, l'oignon 5 minutes à l'eau bouillante salée; égoutter et laisser en attente.

2. Mélanger le bœuf haché, l'œuf, la chapelure, le lait, le sel, le poivre, le thym et façonner environ 16 boulettes d'égale grosseur. Les faire ensuite dorer dans le beurre chaud; les retirer de la casserole et les mettre de côté.

3. Retirer tout le gras de cuisson de la casserole et y verser la crème de champignons, la crème sure, le paprika et réchauffer, en remuant sans cesse.

4. Déposer la moitié du mélange de légumes dans un plat allant au four, puis ajouter la moitié des boulettes de viande et la moitié de la sauce. Répéter ainsi avec les ingrédients qui restent.

5. Cuire au four environ 20 à 30 minutes.

113

Boulettes de viande aux noix

6 personnes

¹/₂ tasse de lait
1 tasse de mie de pain fraîche
1 enveloppe de mélange pour soupe à l'oignon
1 livre de bœuf haché
¹/₂ livre de porc maigre haché
1 œuf
¹/₂ tasse de persil frais haché
¹/₂ tasse de noix hachées
2 c. à soupe d'huile
1 c. à soupe de farine
2 tasses d'eau
2 c. à soupe de ketchup-tomates
Riz cuit chaud

1. Amener le lait au point d'ébullition, puis le verser sur la mie de pain mélangée avec 1 c. à soupe du mélange pour soupe à l'oignon. Ajouter ensuite le bœuf et le porc hachés, l'œuf, le persil.

2. Faire sauter les noix 3 ou 4 minutes dans l'huile chaude, puis les ajouter au mélange de viande. Façonner environ 18 boulettes d'égale grosseur.

3. Incorporer le reste du mélange pour soupe à l'oignon et la farine dans le gras de cuisson des noix, puis ajouter l'eau, le ketchup-tomates et cuire, en remuant sans cesse, jusqu'à ce que la sauce commence à épaissir.

4. Mettre les boulettes de viande dans la sauce et laisser mijoter, à feu moyen, de 20 à 30 minutes, ou jusqu'à ce qu'elles soient cuites.

5. Déposer le riz cuit, en monticule, au centre d'un grand plat chaud et entourer avec les boulettes de viande et la sauce.

Boulettes de viande aux oignons

$^1/_2$ livre de bœuf haché

$^1/_2$ livre de chair à saucisse

$^1/_4$ tasse d'oignon haché

1 œuf

$^1/_2$ tasse de mie de pain fraîche

$^1/_4$ tasse de lait

Sel — Poivre

3 c. à soupe de farine

1 c. à soupe d'huile

2 gros oignons tranchés

1. Mélanger le bœuf haché, la chair à saucisse, l'oignon, l'œuf, la mie de pain, le lait, le sel, le poivre et façonner environ 16 boulettes d'égale grosseur, puis les enfariner et les faire dorer dans l'huile chaude. Les retirer de la casserole et les mettre de côté.

2. Faire sauter les tranches d'oignon dans le gras de cuisson des boulettes, environ 10 minutes.

3. Remettre les boulettes de viande dans la casserole, couvrir et laisser mijoter 15 minutes, en remuant fréquemment, jusqu'à ce que les boulettes soient cuites.

Boulettes de viande bavaroises

1 ¹/₂ livre de bœuf haché
¹/₂ livre de porc haché
Sel — Poivre
¹/₂ tasse de mie de pain fraîche
2 c. à soupe de sauce Chili
2 c. à soupe d'huile
¹/₂ tasse d'oignon haché
1 grosse pomme pelée et hachée
2 boîtes (28 onces chacune) de choucroute égouttée
1 tasse de jus de pomme
1 c. à soupe de sucre brun
¹/₂ c. à thé de graines de carvi

1. Mélanger le bœuf et le porc hachés, le sel, le poivre, la mie de pain, la sauce Chili et façonner environ 24 boulettes d'égale grosseur, puis les faire dorer dans l'huile chaude; retirer du feu et garder en attente.

2. Faire revenir l'oignon et la pomme dans le gras de cuisson des boulettes, 4 ou 5 minutes en remuant. Ajouter la choucroute; déposer les boulettes de viande sur le dessus, arroser avec le jus de pomme, saupoudrer de sucre brun et de graines de carvi. Laisser ainsi mijoter de 35 à 40 minutes.

Boulettes de viande Chili

1 livre de bœuf haché
1 livre de porc haché
1 œuf
$^1/_2$ tasse de lait
$^2/_3$ tasse de riz non cuit
$^1/_4$ tasse d'oignon haché
$^1/_4$ tasse de persil frais haché
2 c. à thé de poudre Chili
Sel — Poivre
2 c. à soupe de beurre ou de margarine
1 boîte (19 onces) de tomates
1 boîte (10 onces) de crème de tomate

1. Mélanger le bœuf et le porc hachés, l'œuf, le lait, le riz, l'oignon, le persil, 1 c. à thé de poudre Chili, le sel, le poivre et façonner environ 24 boulettes d'égale grosseur. Les faire ensuite dorer dans le beurre chaud; les retirer de la casserole et les garder en attente. Retirer le gras de la casserole.

2. Mélanger les tomates, la crème de tomate, l'eau, 1 c. à thé de poudre Chili et verser dans la casserole de cuisson des boulettes et amener à ébullition.

3. Remettre les boulettes de viande dans la casserole, couvrir et laisser mijoter environ 1 heure, en remuant fréquemment durant la cuisson.

Boulettes de viande duchesse

4 personnes

1 livre de bœuf haché
1 œuf
$^1/_4$ tasse de lait
$^1/_2$ tasse de mie de pain fraîche
$^1/_2$ tasse de pacanes hachées
2 c. à soupe de persil frais haché
Sel — Poivre
2 c. à soupe de beurre ou de margarine
1 boîte (10 onces) de crème de tomate
Purée de pommes de terre

1. Mélanger le bœuf haché, l'œuf, le lait, la mie de pain, les pacanes, le persil, le sel, le poivre et façonner environ 24 boulettes d'égale grosseur, puis les faire dorer dans le beurre chaud.

2. Ajouter ensuite la crème de tomate, couvrir et laisser mijoter 10 minutes, en remuant souvent.

3. Pour servir, déposer, en forme de couronne, la purée de pommes de terre sur un grand plat chaud, puis verser les boulettes de viande et la sauce au centre.

Boulettes de viande, sauce à la crème

1 ¹/₂ livre de bœuf haché
1 boîte (12 onces) de pain de viande hachée
1 tasse de crème à 15%
2 œufs
¹/₂ tasse d'oignon haché finement
1 tasse de mie de pain fraîche
¹/₂ c. à thé d'épice « toutes épices »
Sel — Poivre
2 c. à soupe de beurre ou de margarine
2 c. à soupe de farine
1 ¹/₂ tasse de lait

1. Mélanger le bœuf et le pain de viande hachés, ¹/₂ tasse de crème, les œufs, l'oignon, la mie de pain, les épices, le sel, le poivre et façonner 48 boulettes d'égale grosseur. Les faire ensuite dorer dans le beurre chaud, retirer de la casserole et mettre de côté.

2. Incorporer la farine dans le gras de cuisson, verser le lait, puis la crème qui reste (¹/₂ tasse) et cuire, en remuant constamment, jusqu'à ce que la sauce commence à épaissir.

3. Remettre les boulettes de viande dans la casserole et amener, à feu modéré, au point d'ébullition. Servir aussitôt.

Boulettes de viande, sauce à la crème sure

4 personnes

1 livre de bœuf haché
1 œuf
$^1/_2$ tasse de mie de pain de seigle fraîche
Sel — Poivre
1 c. à soupe de beurre ou de margarine
1 c. à soupe de farine
1 cube de bouillon de bœuf
$^3/_4$ tasse d'eau bouillante
$^1/_2$ tasse de crème sure commerciale
2 c. à soupe de fromage cheddar râpé

1. Mélanger le bœuf haché, l'œuf, la mie de pain, le sel, le poivre et façonner environ 24 boulettes d'égale grosseur. Les faire ensuite dorer dans le beurre chaud; saupoudrer de farine; ajouter le cube de bouillon de bœuf dissous dans l'eau bouillante et cuire, en remuant, jusqu'à ce que le mélange commence à épaissir. Réduire le feu et laisser mijoter 5 minutes.

2. Retirer du feu; ajouter un peu de sauce chaude dans la crème sure, puis verser le tout dans la casserole. Réchauffer, à feu doux, en évitant de faire bouillir.

3. Servir sur des rôties beurrées ou des nouilles au beurre, saupoudrer de fromage râpé.

Boulettes de viande, sauce au cari

6 personnes

1$^1/_2$ livre de bœuf haché
1 tasse de mie de pain fraîche
1 tasse de jus de tomate
Sel — Poivre
$^1/_4$ tasse de farine
3 c. à soupe de beurre ou de margarine
2 gros oignons tranchés
1 grosse pomme pelée, évidée et coupée en dés
1 c. à thé de poudre de cari
2 c. à thé de sucre granulé
1 cube de bouillon de bœuf
1 tasse d'eau bouillante
Riz cuit chaud

1. Mélanger le bœuf haché, la mie de pain, $^1/_2$ tasse de jus de tomate, le sel, le poivre et façonner environ 36 boulettes d'égale grosseur, puis les enrober de farine et les faire dorer dans le beurre chaud. Retirer de la casserole et garder en attente.

2. Faire revenir l'oignon, les dés de pomme, la poudre de cari dans le gras de cuisson des boulettes, 3 ou 4 minutes, en remuant fréquemment.

3. Remettre les boulettes dans la casserole, ajouter le sucre, le cube de bouillon de bœuf dissous dans l'eau bouillante, le jus de tomate qui reste ($^1/_2$ tasse); couvrir et laisser mijoter de 20 à 25 minutes, en remuant fréquemment.

4. Servir sur un nid de riz blanc.

Boulettes de viande, sauce au fenouil

1¹/₂ livre de bœuf haché
1 livre de veau haché
1 boîte (4¹/₂ onces) de jambon diablé
²/₃ tasse de lait évaporé
2 œufs
1 tasse de mie de pain de blé entier fraîche
¹/₂ tasse d'oignon haché finement
Sel — Poivre
¹/₄ c. à thé de clou de girofle moulu
¹/₄ tasse de beurre ou de margarine
¹/₄ tasse d'eau

SAUCE:
2 c. à soupe de beurre ou de margarine
2 c. à soupe de farine
Sel
1 tasse d'eau
1 tasse de crème sure commerciale
1 c. à soupe de ketchup-tomates
1 c. à soupe de graines de fenouil

1. Mélanger le bœuf et le veau hachés, le jambon diablé, le lait évaporé, les œufs, la mie de pain, l'oignon, le sel, le poivre, le clou de girofle et façonner environ 75 boulettes d'égale grosseur, puis les faire dorer dans le beurre chaud.

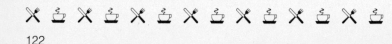

2. Retirer tout le gras de cuisson de la casserole, puis ajouter l'eau; couvrir et laisser mijoter de 20 à 25 minutes, jusqu'à ce que les boulettes soient cuites.

3. Faire fondre le beurre, incorporer la farine et le sel, puis ajouter l'eau et cuire, en remuant, jusqu'à ce que le mélange commence à épaissir; laisser cuire une minute de plus.

4. Ajouter un peu du mélange chaud dans la crème sure, puis verser le tout dans la casserole. Ajouter le ketchup-tomates, les graines de fenouil et amener le tout à ébullition, en remuant.

5. Déposer les boulettes de viande dans un grand plat et napper avec la sauce chaude.

Boulettes de viande,
sauce aux fines herbes

8 personnes

1 livre de bœuf haché
1 livre de veau haché
2 tasses de mie de pain fraîche
3 œufs
1 grosse pomme pelée et râpée
$^1/_2$ tasse d'oignon haché
$^1/_4$ tasse de persil frais haché
Sel — Poivre
$2^1/_2$ tasses d'eau chaude
4 c. à soupe de beurre ou de margarine
6 c. à soupe de farine
$1^2/_3$ tasse de lait évaporé
Sel — Poivre
$^1/_2$ c. à thé de fines herbes mélangées

1. Mélanger le bœuf et le veau hachés, la mie de pain, les œufs, la pomme, l'oignon, le persil, le sel, le poivre et façonner environ 48 boulettes d'égale grosseur et les déposer, en un seul rang, dans une lèchefrite beurrée. Cuire au four à 450°F 20 minutes, en retournant les boulettes une fois. Les retirer du four et les déposer dans un plat allant au four.

2. Déglacer la lèchefrite de cuisson avec l'eau chaude en grattant bien le fond, à feu vif. Retirer du feu et garder en attente.

3. Faire fondre le beurre, incorporer la farine et cuire, sans cesser de remuer, 1 minute. Ajouter alors le liquide de déglaçage, puis le lait évaporé; saler et poivrer et cuire, en remuant constamment, jusqu'à ce que la sauce commence à épaissir. Ajouter les fines herbes et verser sur les boulettes de viande. Mettre alors au four à 350°F durant 15 minutes.

Boulettes de viande, sauce Chili

2 livres de viande hachée mélangée: bœuf et porc
1 œuf
$^1/_2$ tasse de mie de pain de blé entier fraîche
$^1/_4$ tasse de lait
Sel — Poivre
1 c. à thé de paprika
3 c. à soupe d'huile
1 bouteille (14 onces) de sauce Chili
1 tasse d'eau
1 c. à soupe de sucre brun
1 c. à thé de moutarde préparée

1. Mélanger la viande hachée, l'œuf, la mie de pain, le lait, le sel, le poivre, le paprika et façonner 16 boulettes d'égale grosseur, puis les faire dorer dans l'huile chaude. Les retirer de la casserole et les garder en attente.

2. Retirer le gras de cuisson de la casserole, puis y verser la sauce Chili et l'eau; ajouter le sucre brun, la moutarde préparée.

3. Remettre les boulettes de viande dans la casserole, couvrir et laisser mijoter 30 minutes, en remuant fréquemment.

4. Servir avec une purée de pommes de terre, un riz blanc, ou encore avec des nouilles au beurre.

Boulettes de viande stroganoff

1 livre de bœuf haché
$^1/_4$ tasse d'oignon haché
Sel — Poivre
$^1/_8$ c. à thé de muscade
$^1/_8$ c. à thé de clou de girofle moulu
2 c. à soupe d'huile
2 c. à soupe de farine
1 c. à thé de moutarde en poudre
1 cube de bouillon de bœuf
1 tasse d'eau chaude
1 tasse de crème sure commerciale
2 c. à soupe de persil haché

1. Mélanger le bœuf haché, l'oignon, le sel, le poivre, la muscade, le clou de girofle et façonner environ 36 boulettes d'égale grosseur. Les faire ensuite dorer dans l'huile chaude; les retirer de la casserole et les garder en attente. Jeter le gras de cuisson, moins 1 c. à soupe.

2. Incorporer la farine et la moutarde dans le gras de cuisson qui reste, puis ajouter l'eau et le cube de bouillon de bœuf; cuire, en remuant, jusqu'à ce que la sauce commence à épaissir.

3. Remettre alors les boulettes de viande dans la casserole, couvrir et laisser mijoter, à feu modéré, jusqu'à ce que les boulettes soient bien cuites.

4. Mélanger la crème sure et le persil; y ajouter un peu de sauce chaude, puis verser le tout dans la casserole. Réchauffer quelques instants à feu doux, sans cesser de remuer.

5. Servir sur un nid de riz, de nouilles ou de pommes de terre.

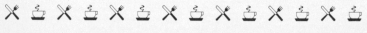

Casserole allemande

4 personnes
Chauffer le four à 350°F

---

2 tasses de nouilles
1 boîte (28 onces) de choucroute égouttée
1 livre de bœuf haché
1 œuf
$^1/_2$ tasse de mie de pain de seigle avec graines de carvi
$^1/_4$ tasse de lait
Sel — Poivre
1 c. à soupe de beurre ou de margarine
1 boîte (19 onces) de tomates étuvées

1. Cuire les nouilles à l'eau bouillante salée, 7 ou 8 minutes; les égoutter puis y ajouter la choucroute.

2. Mélanger le bœuf haché, l'œuf, la mie de pain, le lait, le sel, le poivre et façonner environ 24 boulettes d'égale grosseur. Les faire ensuite dorer dans le beurre chaud, puis y ajouter les tomates.

3. Mettre la moitié du mélange nouilles-choucroute dans un plat allant au four, garnir avec la moitié des boulettes de viande; couvrir avec le reste du mélange nouilles-choucroute et terminer par le reste des boulettes de viande.

4. Couvrir et cuire au four de 45 à 50 minutes.

Macaroni aux boulettes de viande

6 personnes
Chauffer le four à 325°F

8 onces de macaroni coupé
1 livre de bœuf haché
1 œuf
2 c. à soupe de persil frais haché
Sel — Poivre
4 c. à soupe de beurre ou de margarine
2 c. à soupe de farine
$^1/_4$ c. à thé de moutarde en poudre
1 c. à thé de sauce Worcestershire
$2^1/_2$ tasses de lait
2 tasses de fromage cheddar râpé

1. Cuire le macaroni à l'eau bouillante salée, de 8 à 10 minutes; le rincer, puis bien l'égoutter et le mettre de côté.

2. Mélanger le bœuf haché, l'œuf, le persil, le sel, le poivre et façonner environ 18 boulettes d'égale grosseur. Les faire ensuite dorer dans 2 c. à soupe de beurre, puis les déposer dans un plat beurré allant au four.

3. Faire fondre 2 c. à soupe de beurre, incorporer la farine et la moutarde, puis ajouter le lait, la sauce Worcestershire, le sel, le poivre et cuire, sans cesser de remuer, jusqu'à ce que la sauce commence à épaissir.

4. Incorporer une tasse de fromage et remuer jusqu'à ce qu'il soit complètement dissous. Ajouter alors le macaroni cuit, puis verser sur les boulettes de viande; saupoudrer le reste du fromage.

5. Cuire au four environ 35 à 40 minutes.

Spaghettini aux boulettes de viande

1 livre de bœuf haché
$1/_2$ tasse d'oignon haché
$1/_2$ tasse de mie de pain fraîche
1 œuf
Sel — Poivre
$1/_4$ c. à thé de thym
2 c. à soupe de beurre ou de margarine
3 tasses d'eau
1 boîte (10 onces) de crème de champignons
1 boîte ($7^1/_2$ onces) de sauce tomates
1 feuille de laurier
8 onces de spaghettini brisé en morceaux de 2 pouces

1. Mélanger le bœuf haché, $1/_4$ tasse d'oignon, la mie de pain, l'œuf, le sel, le poivre, le thym et façonner environ 30 boulettes d'égale grosseur, puis les faire dorer dans le beurre chaud.

2. Ajouter l'eau, la crème de champignons, la sauce tomates, la feuille de laurier, le reste des oignons et amener le tout à ébullition.

3. Ajouter le spaghettini, couvrir et laisser mijoter de 20 à 25 minutes, jusqu'à ce que le spaghettini soit tendre; remuer fréquemment durant la cuisson.

4. Retirer la feuille de laurier avant de servir.

Plats du jour

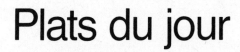

Casserole de bœuf haché aux pommes de terre et aux oignons

6 personnes
Chauffer le four à 225°F

5 pommes de terre moyennes pelées et tranchées minces
1 1/2 livre de bœuf haché
3 gros oignons coupés en tranches minces
Sel — Poivre
2 c. à soupe de beurre ou de margarine
2 c. à soupe de persil frais haché
1/2 tasse de consommé de bœuf

1. Placer 1/3 des tranches de pommes de terre dans le fond d'une poêle électrique beurrée, couvrir avec un rang de bœuf haché, puis de la moitié des tranches d'oignons. Répéter ainsi avec le reste des pommes de terre, du bœuf haché et des oignons, en terminant par un rang de pommes de terre.

2. Saler et poivrer, parsemer de noisettes de beurre, saupoudrer de persil, verser le consommé de bœuf.

3. Couvrir la poêle et faire cuire environ 1 heure, ou jusqu'à ce que les pommes de terre soient tendres.

Casserole de nouilles et de bœuf haché

6 personnes
Chauffer le four à 375°F

8 onces de nouilles
1 tasse d'oignon haché
1 gros piment vert coupé en lamelles
2 c. à soupe de beurre ou de margarine
1 livre de bœuf haché
1 boîte (10 onces) de crème de tomate
10 onces d'eau
$1/2$ tasse de cheddar râpé
$1/3$ tasse de sauce Chili
Sel — Poivre
4 onces de pepperoni tranché
2 tranches de mozzarella coupé en 4 portions
2 ou 3 rondelles de piment vert

1. Cuire les nouilles à l'eau bouillante salée, de 8 à 10 minutes; les égoutter, les rincer et bien les égoutter à nouveau; les garder en attente.
2. Faire revenir l'oignon et le piment dans le beurre chaud 2 ou 3 minutes. Ajouter le bœuf haché et laisser cuire 4 ou 5 minutes, en remuant fréquemment.
3. Ajouter alors la crème de tomate, l'eau, le cheddar, la sauce Chili, le sel, le poivre, les nouilles cuites et bien mélanger.
4. Verser le tout dans un grand plat à gratin beurré; garnir avec les rondelles de pepperoni, les morceaux de fromage et les rondelles de piment.
5. Cuire au four de 25 à 30 minutes, pour faire gratiner.

Chou farci

4 personnes

1 livre de bœuf haché
$^1/_3$ tasse de farine
Sel — Poivre
1 c. à thé d'épices à steak
1 œuf
1 tasse de lait
$^1/_2$ tasse d'oignon haché finement
1 chou d'environ 3 livres
2 c. à soupe de beurre ou de margarine
2 c. à soupe de farine

1. Mettre le bœuf haché, la farine, le sel, le poivre, les épices à steak, l'œuf dans un grand bol et battre, avec un batteur électrique, jusqu'à ce que le mélange soit homogène.

2. Verser graduellement le lait sans cesser de battre. Ajouter l'oignon et mélanger. Laisser en attente.

3. Retirer les premières feuilles extérieures du chou. Couper une tranche d'environ 1 pouce d'épaisseur sur le dessus du chou; puis évider ce dernier de manière à obtenir une coquille d'environ $^1/_2$ pouce d'épaisseur.

4. Farcir la coquille de chou avec le mélange de viande; remettre la tranche sur le dessus et ficeler.

5. Placer le chou dans une grande casserole; ajouter suffisamment d'eau bouillante pour le couvrir aux $^3/_4$. Couvrir la casserole et laisser cuire environ 1$^1/_2$ heure.

6. Retirer le chou de la casserole et le garder au chaud; retirer la ficelle. Réserver 1$^1/_2$ tasse du liquide de cuisson.

7. Faire dorer légèrement le beurre, puis y incorporer la farine et cuire 1 minute en remuant sans cesse. Ajouter alors le liquide de cuisson du chou et cuire, en remuant, jusqu'à ce que la sauce soit lisse et épaisse. Saler et poivrer.

8. Pour servir, couper le chou en quartiers et napper avec la sauce chaude.

Coquilles au bœuf haché

6 personnes
Chauffer le four à 350°F

8 onces de petites coquilles
6 onces de fromage à la crème à la ciboulette, ramolli
1 livre de bœuf haché
1 boîte (14 onces) de sauce tomates
Sel — Poivre
1 c. à thé de sucre granulé
2 oignons moyens coupés en tranches
4 c. à soupe de beurre ou de margarine
1 œuf
1 tasse de crème sure commerciale

1. Cuire les coquilles à l'eau bouillante salée, de 8 à 10 minutes, les rincer, puis bien égoutter. Y incorporer le fromage à la crème et déposer dans un plat beurré allant au four.
2. Façonner le bœuf haché en une grande galette et la faire dorer dans 2 c. à soupe de beurre, 5 minutes chaque côté, puis la briser en petits morceaux.
3. Ajouter alors la sauce tomates, le sel, le poivre, le sucre et incorporer le tout aux coquilles.
4. Faire revenir les oignons dans 2 c. à soupe de beurre, puis les déposer sur le mélange déjà obtenu.
5. Battre l'œuf légèrement, y incorporer la crème sure et verser sur les oignons.
6. Cuire au four de 40 à 45 minutes.

Feuilles de chou farcies

4 personnes
Chauffer le four à 375°F

8 grandes feuilles de chou
1 livre de bœuf haché
$1/4$ tasse de gruau à cuisson rapide
$1/3$ tasse d'oignon haché finement
1 c. à soupe de persil frais haché
Sel — Poivre
1 œuf
1 boîte (10 onces) de consommé de bœuf
1 boîte (10 onces) de crème de tomate

1. Placer les feuilles de chou dans une grande casserole et les recouvrir d'eau froide. Couvrir la casserole et amener à ébullition. Retirer du feu et laisser reposer les feuilles 5 minutes dans l'eau bouillante, ou jusqu'à ce qu'elles soient ramollies. Bien les égoutter.

2. Mélanger le bœuf haché, le gruau, l'oignon, le persil, le sel, le poivre, l'œuf et $2/3$ tasse de consommé.

3. Amincir la nervure épaisse de chaque feuille de chou, puis répartir également le mélange de viande sur chacune. Replier le chou sur la viande et retenir avec des cure-dents.

4. Déposer les feuilles de chou farcies, en un seul rang, dans une grande lèchefrite graissée. Verser le reste du consommé mélangé avec la crème de tomate.

5. Couvrir et cuire au four de 45 à 50 minutes, jusqu'à ce que le chou soit tendre.

Gratin de bœuf haché et de macaroni

4 personnes
Chauffer le four à 350°F

1 tasse d'oignon haché
1 piment vert haché
1 livre de bœuf haché
$1/2$ tasse de champignons émincés
1 c. à soupe d'huile
1 c. à soupe de beurre ou de margarine
1 tasse de maïs en grains
$1/2$ tasse d'olives farcies tranchées
2 tasses de macaroni cuit
1 boîte (14 onces) de sauce aux tomates
Sel — Poivre
1 tasse de mozzarella râpé

1. Faire revenir l'oignon, le piment, le bœuf haché et les champignons dans l'huile et le beurre chauds, 5 ou 6 minutes, en remuant.

2. Ajouter ensuite le maïs, les olives, le macaroni cuit, la sauce tomates; saler et poivrer et bien mélanger.

3. Verser ce mélange dans un plat à gratin; saupoudrer de fromage râpé et mettre au four jusqu'à ce que le fromage soit fondu et bien doré.

Hot dog au bœuf haché

1 1/2 livre de bœuf haché
Sel — Poivre
1/2 tasse d'oignon haché finement
3 c. à soupe de beurre ou de margarine
1 tasse de sauce barbecue (commerciale ou recette
pages 91, 149 et 150)
6 pains à hot dog rôtis et beurrés

1. Bien mélanger le bœuf haché, le sel, le poivre, l'oignon et façonner en 6 rouleaux en forme de saucisse.
2. Faire cuire les rouleaux de viande dans le beurre chaud, de 8 à 10 minutes, en les retournant fréquemment.
3. Ajouter la sauce barbecue et faire mijoter 5 minutes, en retournant les « saucisses » une ou deux fois.
4. Pour servir, déposer les « saucisses » dans les pains rôtis et napper avec la sauce.

Lasagne

8 personnes
Chauffer le four à 350°F

SAUCE À LA VIANDE

1 tasse d'oignon haché
2 gousses d'ail écrasées
$^1/_2$ tasse de céleri coupé en petits dés
$^1/_4$ tasse d'huile
2 livres de bœuf haché
Sel — Poivre
2 boîtes (28 onces chacune) de tomates
2 boîtes ($5^1/_2$ onces) de concentré de tomates
2 c. à thé de sucre granulé
1 c. à thé d'origan

LASAGNE

1 livre de lasagne
Eau bouillante salée
Sauce à la viande
1 livre de fromage cottage
$^1/_3$ tasse de fromage parmesan râpé
$^1/_2$ livre de fromage mozzarella coupé en tranches minces

1. Préparer tout d'abord la sauce à la viande: faire revenir l'oignon, l'ail et le céleri dans l'huile chaude 5 minutes, en remuant fréquemment.
2. Ajouter le bœuf haché et le faire brunir, à feu moyen, en remuant constamment.

3. Ajouter alors le reste des ingrédients de la sauce, couvrir et amener à ébullition. Réduire le feu et laisser mijoter 3 heures, ou jusqu'à ce que la sauce soit épaisse.

4. Préparer la lasagne: cuire les pâtes à l'eau bouillante salée 10 minutes, les rincer, puis bien les égoutter.

5. Couvrir le fond d'un grand plat à gratin légèrement huilé avec la moitié des lasagnes cuites. Étendre la moitié de la sauce à la viande, puis la moitié des trois fromages. Procéder de la même manière avec le reste des ingrédients, en terminant par le fromage mozzarella.

6. Cuire au four environ 30 à 40 minutes.

Macaroni, sauce à la viande

4 personnes

2 c. à soupe d'huile
1 tasse d'oignon haché
1 gousse d'ail haché finement
1 tasse de céleri haché
1 petit piment vert haché
1 livre de bœuf haché
1 boîte (16 onces) de tomates, défaites en morceaux
Sel — Poivre
1 feuille de laurier
$1/4$ c. à thé de sarriette
$1/2$ c. à thé de basilic
1 boîte (10 onces) de champignons égouttés
1 boîte (10 onces) de crème de tomate
4 tasses de macaroni coupé cuit
Parmesan râpé

1. Faire revenir l'oignon, l'ail, le céleri, le piment dans l'huile chaude 4 ou 5 minutes, en remuant fréquemment. Ajouter le bœuf haché et cuire 3 ou 4 minutes.

2. Ajouter ensuite les tomates et leur liquide, le sel, le poivre, la feuille de laurier, la sarriette, le basilic et amener à ébullition. Couvrir et laisser mijoter, à feu moyen, environ 1 heure.

3. Ajouter alors les champignons, la crème de tomate et réchauffer quelques minutes en remuant.

4. Napper le macaroni chaud avec cette sauce, saupoudrer de parmesan et servir aussitôt.

Pommes de terre farcies
à la viande

4 personnes

4 grosses pommes de terre
4 tranches de bacon
1 livre de bœuf haché
4 échalotes hachées
Sel — Poivre
$^1/_2$ tasse de crème sure commerciale
2 c. à soupe de beurre ou margarine
Lait
$^1/_4$ tasse de fromage canadien râpé

1. Laver les pommes de terre, les essuyer, les envelopper séparément dans une feuille de papier aluminium et les faire cuire au four, à 400°F environ 1 heure, ou jusqu'à ce qu'elles soient tendres.

2. Faire cuire le bacon jusqu'à ce qu'il soit croustillant; l'égoutter, l'émietter et le garder en attente.

3. Jeter le gras de cuisson du bacon, moins 2 c. à soupe et y faire revenir le bœuf haché et les échalotes 5 à 6 minutes, en remuant souvent. Incorporer le sel, le poivre, la crème sure, le bacon et mettre de côté.

4. Couper les pommes de terre cuites en deux, les évider le plus possible sans briser la pelure; déposer les pommes de terre évidées dans un grand plat à four.

5. Incorporer le beurre, le sel, le poivre à la chair des pommes de terre et ajouter suffisamment de lait pour obtenir une purée crémeuse et légère.

6. Répartir le mélange de viande dans les pommes de terre évidées et garnir avec la purée de pommes de terre; saupoudrer de fromage.

7. Cuire au four à 400°F environ 20 à 25 minutes.

143

Spaghetti à la viande

12 personnes

1 tasse d'oignon haché

2 gousses d'ail écrasées

$^1/_4$ tasse d'huile

2 livres de bœuf haché

2 boîtes (28 onces chacune) de tomates italiennes défaites
en morceaux

2 boîtes (5$^1/_2$ onces) de concentré de tomate

1 tasse d'eau

$^1/_2$ tasse de céleri haché

$^1/_4$ tasse de persil frais haché

2 feuilles de laurier

1 c. à thé de basilic

Sel — Poivre

2 c. à thé de sucre granulé

2 livres de spaghetti

Parmesan râpé (facultatif)

1. Faire revenir l'oignon et l'ail dans l'huile chaude, 4 ou 5 minutes, en remuant souvent.

2. Ajouter le bœuf haché et faire revenir de 8 à 10 minutes, en remuant fréquemment. Ajouter les tomates et leur liquide, le concentré de tomate, l'eau, le céleri, le persil, les feuilles de laurier, le basilic, le sel, le poivre, le sucre et amener à ébullition. Réduire le feu et laisser mijoter environ 2 heures, ou jusqu'à ce que la sauce devienne épaisse. Laisser reposer de 5 à 10 minutes afin de laisser le gras monter sur le dessus de la sauce, puis le retirer. Retirer également les feuilles de laurier.

3. Cuire le spaghetti à l'eau bouillante salée, de 10 à 12 minutes; le rincer, puis bien l'égoutter.

4. Pour servir, déposer le spaghetti cuit dans chacune des assiettes et napper avec la sauce. Si désiré, saupoudrer de parmesan râpé.

Zitti, sauce à la viande

5 personnes

1 tasse d'oignon haché grossièrement
1 tasse de piment vert haché grossièrement
1 boîte (10 onces) de champignons tranchés, bien égouttés
1 c. à soupe d'huile
2 c. à soupe de beurre ou de margarine
1 livre de bœuf haché
$1/2$ c. à thé d'épices à steak
1 boîte (10 onces) de crème de tomate
1 tasse de jus de légumes (V8)
Sel — Poivre
· $1/2$ c. à thé d'origan
5 tasses de zitti
2 c. à soupe de beurre ou de margarine (à incorporer
aux zitti)

1. Faire revenir l'oignon, le piment et les champignons dans l'huile et le beurre chauds, 2 ou 3 minutes, en remuant fréquemment.
2. Ajouter le bœuf haché, les épices à steak et cuire 4 ou 5 minutes en remuant de temps à autre.
3. Ajouter ensuite la crème de tomate, le jus de légumes, l'origan, le sel, le poivre et laisser cuire, à feu doux, de 10 à 15 minutes, en remuant de temps en temps.
4. Pendant ce temps, cuire les zitti à l'eau bouillante salée, puis les rincer et bien les égoutter. Y incorporer le beurre; saler et poivrer.
5. Pour servir, napper les zitti avec la sauce à la viande.

Sauces

Sauce barbecue

3 tasses

1 tasse de mélasse
1 tasse de moutarde préparée
1 tasse de vinaigre de cidre

Bien mélanger les trois ingrédients et garder au réfrigérateur.

Variantes
1. *Sauce aux fines herbes: (1^1/$_2$ tasse)*
   Mélanger 1 tasse de sauce barbecue avec ^{1}/$_2$ tasse de sauce Chili et ^{1}/$_2$ c. à thé d'origan.
2. *Sauce poivrée: (1^1/$_2$ tasse)*
   Mélanger 1 tasse de sauce barbecue avec ^{1}/$_2$ tasse de jus de tomate et ^{1}/$_2$ c. à thé de poivre noir fraîchement moulu.
3. *Sauce relevée: (1^1/$_2$ tasse)*
   Mélanger 1 tasse de sauce barbecue avec ^{1}/$_4$ tasse de ketchup-tomates, ^{1}/$_4$ tasse d'huile et 2 c. à soupe de sauce Worcestershire.

Sauce barbecue

1 tasse de ketchup-tomates

1 c. à soupe de sauce Worcestershire

Quelques gouttes de sauce Tabasco

$^1/_4$ tasse de vinaigre blanc

1 tasse d'eau

1 c. à soupe de sucre granulé

Sel — Poivre

1 c. à thé de graines de céleri

Mélanger tous les ingrédients et amener à ébullition; puis laisser mijoter, couvert, de 25 à 30 minutes, en remuant fréquemment.

Sauce brune

1 cube de bouillon de bœuf
1 tasse d'eau bouillante
2 c. à soupe de beurre ou de margarine
2 c. à soupe de farine
2 c. à soupe de sauce Worcestershire
1 c. à soupe de ketchup-tomates
Sel — Poivre
$\frac{1}{2}$ c. à thé de cerfeuil

1. Dissoudre le cube de bouillon de bœuf dans l'eau bouillante et laisser en attente.

2. Faire fondre le beurre, y incorporer la farine, puis verser le bouillon de bœuf et cuire, sans cesser de remuer, à feu modéré, jusqu'à ce que la sauce soit lisse.

3. Ajouter le reste des ingrédients et amener à ébullition. Réduire le feu et cuire 3 ou 4 minutes, en remuant.

4. Servir avec pains de viande.

Sauce brune aux champignons

3 c. à soupe de beurre ou de margarine
1 tasse de champignons tranchés
2 c. à soupe de farine
1 boîte (10 onces) de consommé de bœuf
1 c. à soupe de sherry
Sel — Poivre
$1/4$ c. à thé d'origan

1. Faire revenir les champignons dans 1 c. à soupe de beurre chaud, 4 ou 5 minutes, en remuant. Laisser en attente au chaud.
2. Faire fondre le reste du beurre, y incorporer la farine. Ajouter ensuite le consommé et remuer, à feu modéré, jusqu'à ce que le mélange soit lisse.
3. Ajouter alors le sherry, le sel, le poivre, l'origan et poursuivre la cuisson, sans cesser de remuer, jusqu'à ce que la sauce soit épaisse et lisse.
4. Ajouter alors les champignons et chauffer quelques secondes.

Sauce diablée

$^3/_4$ tasse de moutarde préparée
$^1/_2$ tasse de vinaigre de cidre
$^1/_2$ tasse de mélasse
1 c. à soupe de sauce Worcestershire
$^1/_4$ c. à thé de sauce Tabasco

1. Bien mélanger tous les ingrédients et conserver au réfrigérateur.
2. Badigeonner légèrement cette sauce sur les hamburgers durant leur cuisson.

Sauce rapide aux champignons

1 boîte (10 onces) de crème de champignons
$^1/_3$ tasse de crème à 15%
$^1/_8$ c. à thé de thym

1. Mettre tous les ingrédients dans une petite casserole et réchauffer parfaitement, à feu doux et en remuant fréquemment.
2. Servir sur pains de viande ou sur boulettes de viande.

Sauce rapide aux champignons et aux tomates

2 boîtes (10 onces chacune) de crème de champignons
1 boîte (7^1/$_2$ onces) de sauce tomates
1 tasse de lait
1 c. à soupe de persil frais haché
1 c. à thé de cerfeuil

1. Mettre tous les ingrédients dans une casserole et réchauffer, à feu doux, en remuant fréquemment.
2. Servir avec pains de viande, galettes ou boulettes de viande hachée.

Sauce tomates

1 boîte (10 onces) de crème de tomate
1 tasse d'eau
1 boîte (7$^1/_2$ onces) de sauce tomates
2 c. à soupe de persil frais haché
2 c. à soupe de sucre granulé
1 c. à thé d'origan

1. Mettre tous les ingrédients dans une casserole et amener à ébullition. Réduire le feu et laisser mijoter, à découvert, de 15 à 20 minutes, en remuant fréquemment.

2. Servir avec pains de viande, boulettes ou galettes de viande hachée.

Sauce tomates

$^1/_2$ tasse d'oignon haché finement
1 gousse d'ail écrasée
3 c. à soupe de beurre ou de margarine
1 boîte (28 onces) de tomates
$^1/_4$ tasse de vin rouge sec
$^1/_8$ c. à thé de thym
Sel — Poivre

1. Faire revenir l'oignon et l'ail dans le beurre chaud, 4 ou 5 minutes, en remuant fréquemment.
2. Ajouter le reste des ingrédients et amener à ébullition. Réduire le feu et laisser mijoter de 30 à 35 minutes, en remuant fréquemment.
3. Servir avec boulettes de viande ou avec pains de viande.

Achevé d'imprimer
en mars mil neuf cent quatre-vingt
sur les presses de l'Imprimerie Gagné Ltée
Louiseville - Montréal.
Imprimé au Canada